论我国社会保险制度改革

胡永霞 著

LUN WOGUO SHEHUI BAOXIAN ZHIDU GAIGE

WUHAN UNIVERSITY PRESS
武汉大学出版社

图书在版编目（CIP）数据

论我国社会保险制度改革/胡永霞著.—武汉：武汉大学出版社，
2020.10（2022.4 重印）
ISBN 978-7-307-21790-4

Ⅰ.论…　Ⅱ.胡…　Ⅲ.社会保险制度—保险改革—研究—中国
Ⅳ.F842.61

中国版本图书馆 CIP 数据核字（2020）第 178347 号

责任编辑:郭　静　　　责任校对:汪欣怡　　　版式设计:马　佳

出版发行:**武汉大学出版社**　（430072　武昌　珞珈山）
（电子邮箱：cbs22@whu.edu.cn　网址：www.wdp.com.cn）
印刷:武汉邮科印务有限公司
开本:720×1000　1/16　印张:14.25　字数:196 千字　插页:1
版次:2020 年 10 月第 1 版　　2022 年 4 月第 2 次印刷
ISBN 978-7-307-21790-4　　定价:43.00 元

目　　录

第一章　社会保险之征缴制度改革

一、社会保险与社保缴费

(一)社会保险

1. 社会保险的概述

社会保险是一种由国家强制社会多数成员参加的，在社会成员永久丧失劳动能力、暂时失去劳动岗位或因健康原因而导致失去生活来源时，可以从国家和社会获得物质帮助，具有社会收益重新分配功能的非营利性的一种社会经济制度。

社会保险是现代社会保障体系的重要组成部分，关系到社会成员生老病死的各个方面，是解决社会成员后顾之忧的长效机制，主要涉及社会成员的生育、就业、医疗、工伤、养老及护理等方面。社会保险制度在19世纪80年代诞生于德国，其基本原则是责任分担主体多样化，权利与义务相结合，通过法律建立制度。

中华人民共和国成立初期，我国开始探索建立社会保险制度。1951年2月，政务院颁布了《中华人民共和国劳动保险条例》，该条例建立了我国社会主义公有制为基础的计划经济体制的劳动保险制度。但是随着80年代改革开放的深入，这种单位保障制度下的组织机制和单一责任主体的制度，变得无法适应社会的发展，失去了存在基础，我国劳动保险制度进入了全面而深刻的制度变革期。为适应市场经济的发展需要，我国的社会保险制度已经从免费的单位保障制到多方缴费的社会保险型，取得了较大的成效。但是，我国的实践现状，执行依据主要是政策性文件，法制建设相对滞后，在一定程度上制约着我国社会保险制度的发展。2011 年 7 月实施的《中华人民共和国社会保险法》的相关条款规定，受当时条件的影响，存在一定的局限性，至今未颁布新的相关法律规定，与其他实体法律的更新速度相比具有严重的滞后性。由于社会在进步，新的纠纷不断出现，但是法律对此未规定，或者规定的不具体。司法机关在审理案件时，由于缺乏统一的法律规定，导致同案不同判，司法不统一。

2. 社会保险的种类

我国社会保险制度包括养老保险制度、工伤保险制度、生育保险制度、医疗保险制度和失业保险制度以及 2016 年启动的长期护理保险制度，共同构成了我国社会保障制度体系；2019 年国家出台《关于全面推进生育保险和职工基本医疗保险合并实施的意见》，其中规定将生育保险并入职工基本医疗保险统一征缴，原来的"五险"合并为"四险"。

养老保险，又称社会基本养老保险金，是为了解决劳动者因年老丧失劳动能力或者达到法定的退休年龄而退出劳动岗位后的基本生活问题而建立的一种社会保险制度，为老年人提供基本的生活来源。养老保险由社会统筹基金支付的基础养老金和个人账户养老金组成，是五大社会保险中最重要的险种。

我国建立了具有强大生命力的养老保险体系。习近平总书记在十九大报告中提出："全面建成覆盖全民、城乡统筹、权责清晰、保障适度、可持续的多层次社会保障体系。全面实施全民参保计划。完善职工基本养老保险和城乡居民基本养老保险制度，尽快实现养老保全国统筹。"中华人民共和国成立 70 年来，中国养老保险法治建设发生了巨大的结构性变革。70 年改革主要历经 3 个阶段，从完善劳动保险过渡到改革职工基本养老保险，再到推进全社会养老保险统筹，取得了令人瞩目的成绩①。中华人民共和国成立以来的成就表明，我国养老保险的法治建设离十九大报告的要求越来越近，体现在以下几个方面：建立了"统分结合"的多层次养老保险制度体系；努力实现养老保险全民参保计划；解决养老保险制度"碎片化"以促成全国统筹。

工伤保险，一般是指在工作时间、工作场所内因工作原因受到事故伤害，或者在工作时间前后在工作场所内，从事与工作有关的预备性或收尾性工作受到事故伤害的，患职业病以及其他法律、法规规定应当认定为工伤的情形下，导致劳动者暂时或永久丧失劳动能力以及死亡时，劳动者或其家属从国家或社会获得物质帮助的一种社会保险制度。

工伤保险是一种保障劳动者权益、促进社会经济协调稳定发展的制度安排，只有符合时代发展的要求才能顺利推行并实现其作用。改革开放以来，伴随着工伤保险的制度变迁，我国经历了由计划经济向市场经济转轨，建制理念、法律体系、管理体制以及待遇水平的历史发展变迁②。虽然工伤保险的理念不断先进化，立法主体和层次不断提升，内容不断扩展，管理体制不断科学化、规范化，工伤保险待遇标准明显提高，但是随着社会的发展，劳动者的安居乐业离不开工伤保险的保护，同时为工伤保险提出了新的要求与挑战。改革开放后，我国经济迅速发展，而工伤保险待遇却一直沿用中华人民共和国成立初期的标准。工伤保险待遇长期偏低损害了工伤职工及其家属的权益。经济社会的发展为工伤保险的变革提供了条件和基础。工伤保险通过支付工伤保险待遇以实现其调节收入再分配的功能，随后，工伤保险增设了一次性伤残补助

---

① 杨复卫. 新中国养老保险法治建设 70 年：变革、成就与启示[J]. 现代经济探讨，2020(02).

② 孙树菡，朱丽. 中国工伤保险制度 30 年：制度变迁与绩效分析[J]. 甘肃社会科学，2009(03).

金和一次性抚恤金，提高了工伤待遇标准，增强了工伤保险待遇的合理性。工伤保险还能够起到分散企业风险、促进企业生产和经济发展、缓和劳资矛盾、平衡双方利益的作用。在社会保障体制改革的过程中，工伤保险最先定型，国务院颁布了效力仅次于法律的《工伤保险条例》，这使得工伤保险成为立法层次最高的社会保险项目之一，参保人数迅速提高，促进了社会保障制度扩大覆盖面的目标的实现，成为社会保障体制改革过程中的推动力量。虽然工伤保险作为强制性的社会保险，用人单位为其员工缴纳工伤保险是法律规定的强制性义务，但是在实践中，仍有不少企业不按照《工伤保险条例》的相关要求为其员工缴纳工伤保险，也有的是员工本人出于某种原因与企业协商不让企业缴纳工伤保险，法律明确规定了这种约定属于无效约定，一旦员工发生工伤事故，用人单位不仅不能规避民事赔偿责任，还将遭受行政处罚。

我国社会保险法律制度最初的适用对象为企业及其固定职工，1951年的《劳动保险条例》对享受工伤保险待遇的对象限定较为狭隘。[1] 传统意义上社会保险的对象与劳动关系下的单位"职工"相契合，在医疗保险、养老保险等领域，其对象渐渐趋向"公民化"，覆盖所有的人群。当前我国的工伤保险制度没有将灵活就业人员、农业劳动者、公务员等"非职工"群体纳入其中，造成不同群体的差别对待，这与社会保险制度分散风险的初衷相背离。工伤保险制度应借鉴其他社会保险制度的经验，减弱社会保险与劳动关系的关联性，将"非职工"纳入工伤保险体系，使更多群体因工作损害享受工伤待遇。[2]

生育保险是专门针对女性劳动者在怀孕或分娩后一定时间内暂时中

---

[1] 《中华人民共和国劳动保险条例》(1951年)第2条规定："本条例的实施，采取重点试行办法，俟实行有成绩，取得经验后，再行推广。其适用范围，暂定为下列各企业：甲：雇用工人与职员人数在一百人以上的国营、公私合营、私营及合作社经营的工厂、矿场及其附属单位与业务管理机关。乙：铁路、航运、邮电的各企业单位及附属单位。".

[2] 陈敏."非职工"群体纳入工伤保险制度保障探析[J].政治与法律，2017 (02).

断劳动，离开工作岗位后为其提供医疗服务、生育津贴和产假的一种社会保障制度，其内容一般包括生育津贴，指在法定的产假期间对生产者的工资收入损失给予经济补偿；医疗护理，即由国家负担与生育有关的医护费用(含产前检查费)；生育补助，指对生育保险对象及其家属的生育费用给予经济补助；生育休假包括妇女产假及其配偶的陪产假。

生育保险的宗旨在于通过国家和社会向职业女性提供一定的物质保障，帮助其恢复劳动能力，重返工作岗位，体现了国家和社会对妇女在特殊时期的爱护。生育作为一种人口再生产，为整个社会的发展做出贡献，因而不能让生育造成的负担只由家庭负担，而应该将生育给家庭带来的负担社会化①。生育保险的建立，使得女性可以更加安心地照顾子女，有利于女性职工更好地恢复身体，以保障社会劳动力的可持续发展。

关于生育保险的享受主体，不仅针对女职工，还包括男职工。在我国，投保男职工在其配偶生产时，可以享受一定的"产假津贴"和生育补贴。在国外，男性雇员是享受生育保险待遇的，其中，最普遍的生育保险待遇之一就是育儿假，此外，男性雇员还享受领取生育津贴的权利②。

我国生育保险从无到有，其政策变迁具有以下特点：从政治作用为主向社会经济作用为主转化；从单一低水平向多样高水平转化；覆盖面从国企、事业单位职工向全面化转变；法律依据从体现在其他法律法规中向立法专门化转变。尽管我国生育保险制度一直处于不断完善的过程中，但是随着社会经济的发展，生育保险制度仍然存在一些突出问题，诸如女职工生育保障未实现统一、女职工生育保障金负担途径单一、女职工生育保障落实范围较小、补偿水平低、统筹层次低、发展不平衡与

---

① 乔宁波．中国生育保险政策变迁探析[J]．保定学院学报，2015(03)．

② 冯祥武．男职工生育保险待遇问题的探讨[J]．河南省政法干部学院学报，2011(03)．

缺乏法律强制性、女职工生育待遇的享受与国家计划生育政策相联系等问题，① 因此，我国的生育保险制度仍需要进一步改革。

失业保险是对因失去工作而导致暂时中断生活来源的劳动者提供物质帮助，以保障其在失业期间的基本生活，促进其再就业的一种社会保险制度，依照国家相关法律规定强制执行。对于已经按照规定缴纳失业保险满一年，并且非因本人意愿中断就业，已经在有关部门办理失业登记，且其本人有求职意向的失业人员可享受失业保险待遇。失业保险具有"保生活""促就业""防失业"三位一体的功能，对于缓解就业紧张问题具有非常重要的作用，

《失业保险条例》规定，城镇企业事业单位应按照本单位工资总额的1%到1.5%缴纳失业保险费。单位职工按照本人工资的0.5%缴纳失业保险费。城镇企业事业单位招用的农民合同制工人本人不缴纳失业保险费。失业保险待遇由医疗补助金、失业保险金、抚恤金和丧葬补助金、职业培训和职业介绍补贴等构成。失业保险金是失业保险待遇中最主要的一项，失业人员只有在领取失业保险金期间才能享受到其他各项待遇。

2017年《人力资源社会保障部财政部关于调整失业保险金标准的指导意见》提出要逐步将失业保险金标准提高到最低工资的90%。这一调整既保障了失业人员的日常生活，又能够充分使用失业保险基金结余，缓解失业保险基金结余利用效率低的问题。2018年《人力资源社会保障部财政部关于使用失业保险基金支持脱贫攻坚的通知》指出，要重点提高贫困地区失业保险金待遇标准并放宽领取失业保险金待遇的条件，该通知使失业保险制度更加合理。随着国家政策的不断完善，失业保险制度存在的不足在一定程度上得到解决，但是现行政策在实际生活中仍然存在一些问题，这些问题导致我国失业保险基金结余较多的现象较为突出。所以，想要进一步发挥失业保险的功能，要以解决失业保险基金大

---

① 庄渝霞. 国内生育决策理论研究脉络及评述[J]. 科学发展，2009(03).

量结余问题作为突破口。

医疗保险是职工因疾病、负伤时由社会或企业提供必要的医疗服务或物质帮助，为补偿疾病所带来的医疗费用的一种保险。中华人民共和国成立后，我国在城镇实行劳保医疗和公费医疗制度，在农村建立了合作医疗制度，构成我国医疗保障制度的三大板块①。由于我国各地经济和社会发展不平衡，我国目前的社会医疗保险制度不是全国统筹的，虽然各省的制度框架基本一致，但是细节差异相当明显。同时，跨省跨地区人员流动也使得如何参加医疗保险变得复杂起来。在我国社会医疗保险制度不断改革和完善的现阶段，社会医疗保险制度的适用范围有限，身份、区域、职业等因素都会影响制度的适用效果，具体制度之间的协调性还有待提高。

长期护理险是指为被保险人在丧失日常生活能力、年老患病或身故时，为其提供护理保障的一种制度。2016 年 6 月，人力资源与社会保障部印发《人力资源社会保障部办公厅关于开展长期护理保险制度试点的指导意见》，明确将 15 个城市作为试点城市开展长期护理保险。2020年 5 月，国家医疗保障局发布《关于扩大长期护理保险制度试点的指导意见》(征求意见稿)提出扩大试点范围，拟将试点范围扩大到 29 个城市，试点期限为两年。

3. 社会保险与商业保险的区别

(1)二者属性不同。社会保险是一种强制性的，用人单位必须为职工缴纳的保险，能够在劳动者丧失劳动能力或失业时为劳动者提供基本的生活保障，有利于保护和增进职工对企业的认同感，同时保护职工的身体健康，属于国家的基本社会政策和劳动政策。商业保险是保险公司的一种经营活动，是由投保人与保险公司双方遵循自愿有偿的原则产生的一种合同关系。

---

① 董文勇. 我国社会医疗保险制度适用的界域[J]. 社会法评论, 2020(01).

（2）二者对象不同，作用不同。社会保险的保险对象是缴纳社会保险费的劳动者及其供养的直系亲属，其作用是在劳动者暂时或永久失去劳动能力时，为劳动者提供基本生活保障，有利于维护社会公平和社会稳定。商业保险的保险对象是投保商业险的被保险对象，其作用是根据保险公司与投保人签订的合同，在合同约定的保险事故发生后，按照合同约定给予受益人一定的经济补偿，但是这种补偿无法满足投保者的基本生活，是一种概率性事件。

（3）权利与义务对等关系不同。权利与义务的对等关系体现在社会保险中就是指以劳动关系为基础，劳动者为社会提供了劳务，贡献了力量，并且按时交纳了社会保险费，在其满足社会保险待遇的相关要求后，就可以享受社会保险待遇，而不是一种商业买卖关系。权利与义务的对等关系体现在商业保险中就是指以合同关系为基础，只要投保人与保险公司自愿签订了保险合同，并且按照合同约定按时交纳了保险费，在保险事故发生后，就可以依照合同约定要求保险公司进行赔偿，关系主要体现为"多投多保，少投少报，不投不保"的等价交换关系。

（4）待遇水平不同。社会保险的出发点是保障基本生活安定，其着眼点在于基本生活的长期稳定性。社会保险待遇水平的高低要考虑劳动者的原生活水准以及社会平均消费水平和国家财政的承受能力等，又要以市场物价做参考做出一定调整，并随着社会生产水平的提高逐步提高。而商业保险着眼于一次性经济补偿，给付水平的确定只考虑合同约定及被保险人缴费额的多少，不考虑其他的因素。

4. 社会保险争议

"社会保险争议"是一个法律概念，我国《劳动争议调解仲裁法》《社会保险法》均明确使用了此概念，《民事诉讼案由规定》亦将"社会保险纠纷"归于"劳动争议"项目下单独的第三级案由予以规定①。目前，社

---

① 王显勇．一个伪命题：作为劳动争议的社会保险争议［J］．法学，2019（11）．

会保险争议分为两类，一种是行政争议，即劳动者、用人单位、社会保险经办机构及社会保险费征收机构之间发生的参保、缴费、待遇支付等方面的争议；另一类是劳动争议，即劳动者与用人单位之间因社会保险所发生的争议。对于行政争议，一般无歧义。实践中，劳动者与其单位之间往往因为社会保险缴费问题及社会保险待遇问题产生争议。但对于劳动争议，由于法律规定较模糊，造成审判实践中裁判意见不统一。2018 年，我国社会保险费改为由税务机关收取，不仅提高了社保资金征管的效率，对社保征管体制作出了重大改革，同时也有利于解决税收征缴的劳动争议。由税务机关全权负责征收社保费，履行办理登记、申报、征缴、清欠、检查、处罚等职责。同时，为能够依法、及时和足额征收社保费，我国还在进行降低社会保险费率的改革。这些改革，将对我国社会保险法律制度的进一步完善产生重大影响。

(二) 社保缴费

1. 社会保险费

社会保险费是用于社会保险事业开支的费用，主要用于支付社会保险待遇。社会保险费的收入来源于社会，主要由政府部门、用人单位和劳动者共同负担。社会保险基金的主要组成部分就是社会保险费，由社会保险费征收机构按照法定的缴费基数、费率和缴费期限进行征缴。

2. 社会保险费征缴

社会保险费征缴(以下简称社保征缴)工作包括登记、申报、缴纳和征收四个方面，主要是征收和缴纳两个方面，社会保险征收机构的责任是征收社会保险费，参保的用人单位和劳动者的义务是缴纳社会保险费。

社会保险费是社保基金的主要资金来源，为我国发展社会保险事业提供了坚实的物质基础，因此社保征缴工作是社会保险事业最重要的部分。

3. 我国社保征缴制度的历史沿革

1951 年至 1986 年，属于我国劳动保险制度初创期，主要适用于国营企业。这一阶段是由总工会指定银行缴纳劳动保险费，这一时期的缴费主要是在企业内部进行，没有第三方参与。

1986 年至 1998 年，属于社保经办机构征缴期。这一时期，是从计划经济体制逐渐走向社会主义市场经济体制的过程，同时也是国企改革期，在这一改革转型期，逐渐从劳动保险中分离出养老、医疗、工伤及生育四个社会保险制度，各个制度均具有独立的社会保障功能，社会保险费开始由国家、企业和个人共同负担。1994 年，我国明确规定社会保险费由社会保险经办机构征缴，社保经办机构有权依照法律规定对社会保险基金开展收支、管理和运营工作并担负起社会保险基金保值增值的任务。① 企业的缴费标准、缴费方式等都有了明确的法律规定。

1998 年至 2018 年，属于社保费的双重征缴时期。由于国企改革的深入，失业现象加剧，养老保险费征收困难的情况加剧，社会保险基金支付压力增加，各项社会保险费征缴工作都无法顺利开展。各地开始探索新的社保费征缴方式，逐渐将地税部门纳入社保费征缴工作中。首先打破社保经办机构单一征缴模式的是武汉和宁波。两市采取了一种委托银行或税务部门代为征缴养老保险费的模式。1999 年国家以法律形式确认社保经办机构和税务部门作为社会保险费征收的主体地位，具体是由社保经办部门进行征收还是由税务部门进行征收，则由各省政府自行决定，确立了具有中国特色的社保费"双重征缴"体制。

2019 年至今是我国的税务部门征缴阶段。由于我国各地社保政策存在差异，缴费标准不统一，导致在征收时存在一定的困难。因此，为

---

① 刘敏. 我国社会保险费征缴问题研究——以 A 区为例 [D]. 昆明：云南财经大学，2020.

解决这一难题，考虑到税务部门在执法过程中较为刚硬，信息获取能力强的特点，国家将国税部门与地税部门进行合并，提出在 2019 年 1 月 1 日起将五大险种的社会保险费统一由税务部门征收。从此，我国结束了"双重征缴"体制，开始了税务部门统一征收的模式。

4. 我国社会保险费征缴规则存在的困局

目前，我国在社会保险费征缴方面的相关法律规定比较简单。1999 年 1 月，国务院颁布《社会保险费征缴暂行条例》(以下简称《征缴条例》)；劳动和社会保障部 1999 年 3 月颁布《社会保险费征缴监督检查办法》；2003 年 2 月颁布《社会保险稽核办法》；2010 年 10 月，国家颁布《社会保险法》。这"一法一条两办法"构成了我国的社会保险费征缴法规体系，为社会保险费的征缴提供了法律依据。但是，我们应当看到我国社会保险征缴法规还存在着诸多不足，实践中产生了许多矛盾和问题，影响了社会保险征缴行为的规范性和征缴规则的严肃性。[①]

社会保险费征缴相关法规的规定已经滞后，这些法规多数制订于 2000 年前后，即便是《社会保险法》也已经实施 10 年了，社会环境发生了变化，但是相关法律规定并未随之更新。比如，原有的相关法规都是以社会保险经办机构作为社保费的征收主体，目前社保征收工作已经移交到税务部门，法规并无相关修改。

社会保险费征缴工作由社会保险经办机构移交税务部门，移交速度缓慢。有些企业认为社会保险费负担过重，担心由税务部门征收后负担加重，因此造成了各地移交工作缓慢。社保费的征收标准不一，各地社会保险费征收标准差异较大，其中既有部分地区未按照规则征缴，也存在征缴标准不明确的问题。

---

① 何文炯. 社会保险费征缴：体制改革与法制完善[J]. 探索笔会，2020 (03).

二、社保费率改革

社保费率，全称社会保险缴费率，是指用人单位和劳动者缴纳各项社会保险总额占个人工资的比例。理论上，社会保险必须根据各种风险事故的发生概率，并按照给付标准事先估计的给付支出总额，求出被保险人所负担的一定比率，作为厘定社会保险费率的标准。

与商业保险不同，社会保险费率的计算，除了风险因素外，还需要考虑更多的社会经济因素，求得公平合理的费率。

社会保险制度建立在劳资分责、政府担保的基础之上，一定的缴费决定着一定的保障水平，过高过低都不合理。费率过低不足以解除参保人的后顾之忧，而费率过高又会直接加重用人单位与参保人的负担并损害代际公平。从各国实践来看，多数国家的养老保险替代率（指退休后养老金占退休之前个人工资收入的比例）为40%左右，缴费率以20%左右为宜。

在我国社会保险制度建立之初，基本医疗保险、基本医疗保险、失业保险、工伤保险、生育保险五个险种，并没有统一的规定，各自按照国务院的相关文件执行。因此，实践中，不但五险的缴费费率各不相同，就是同一险种，各省之间的标准也不尽相同。

以城镇职工基本养老保险为例，用人单位按照国家规定的本单位职工工资总额的比例缴纳基本养老保险费，记入基本养老保险统筹基金。单位缴费的比例一般不得超过工资总额的20%，具体比例由省、自治区、直辖市政府确定，少数省、自治区、直辖市离退休人数较多，养老保险负担较重，可以超过企业工资总额的20%，但是需要报人力资源和社会保障部、财政部的批准。

劳动者个人缴费，按照国务院《关于建立统一的企业职工基本养老保险制度的决定》（国发〔1997〕26号文件），个人缴纳基本养老保险费的比例，1997年不得低于本人缴费工资的4%，1998年起每两年提高1

个百分点，最终达到本人缴费工资的 8%。

按本人缴费工资 11% 的数额为职工建立基本养老保险个人账户，个人缴费全部记入个人账户，其余部分从企业缴费中划入。随着个人缴费比例的提高，企业划入的部分要逐步降至 3%。

从 2006 年 1 月 1 日起，个人账户的规模统一由本人缴费工资的 11% 调整为 8%，全部由个人缴费形成，单位缴费不再划入个人账户。其中，缴费工资，也称为缴费工资基数，一般为职工本人上一年度月平均工资(有条件的地区也可以以本人上月工资收入为个人缴费工资基数)。本人月平均工资低于当地职工月平均工资的 60% 的，按照当地职工月平均工资的 60% 作为缴费基数。本人月平均工资高于当地职工平均工资的 300% 的，按照当地职工的月平均工资的 300% 作为缴费基数。

2012 年，网络上曾经有流言，认为"中国社保费率全球第一"。对此，人力资源与社会保障部多次进行了辟谣。

各国的国情差别很大。社会保险的缴费率受人口结构(如人口老龄化程度)、社保制度模式、覆盖范围(如保障项目、覆盖人群)等多种因素的综合影响。比如，许多发展中国家社会保障项目很少、覆盖率很低，所以费率也低；有的国家尽管社会保险缴费比例不太高，但通过一般税收或征收社会保障税来筹资支付某些社会保障待遇，并没有计算在社会保险费率标准之内。所以，仅仅简单地对比社会保险费率很难反映各国社会保险缴费的真实水平。

我国"五险"的缴费比例，用人单位合计为 30.8%，个人合计为 11% 左右，两者总计超过个人缴费工资的 40%，在全世界属于偏高水平。其中，主要是养老保险缴费率较高，其他 4 项社会保险缴费率之和在 12% 左右，处于中等偏上水平。

影响我国养老保险费率的因素主要有：

一是社保制度模式。我国自 20 世纪 90 年代实行社会统筹和个人账户相结合的部分积累制度模式，即在确保当期支付的基础上，再为未来积累一部分资金，据此确定的费率自然比只保证当期发放要高一些。

二是转轨成本。20 世纪 70 年代之前，我国实行单位保障的养老制度，改革以后，已退休的"老人"和"中人"没有积累或积累较少，其"视同缴费"期间的待遇，需要通过现在的单位和在职职工缴费来弥补，推高了现行的养老保险费率。

三是人口结构。应对老龄化高峰的挑战，持续确保基本养老金的按时足额发放，需要维持一定的养老保险费率。

2013 年 2 月，党的十八届三中全会确定了社保缴费改革的方向，提出适时适当下调社保费率。

为此，国家采取了很多措施。一是大力推进提高统筹层次，按国务院统一部署，各省份基本建立起养老保险省级统筹制度，使部分地区原来高达 30%以上的单位费率降到全国统一的 20%。二是各级政府加大对社会保险基金的投入。仅 2013 年全国各级财政对企业职工养老保险的补助资金就达 2669 亿元，其中绝大部分是中央财政补助。三是在经济波动中，采取阶段性减缴、缓缴社会保险费的政策。

降低社保缴费费率的政策普惠性强、受益面广，减负作用直接、有效，不论大中型企业还是小微企业，都能有效地降低用工成本，将降费红利转化为企业发展和创新的动力，或转化为职工福利以增强企业凝聚力，实现企业降成本、市场增活力、职工同受益，受到广大企业和职工的欢迎。社保费率逐步实现全国基本统一，对促进形成公平的市场竞争环境、促进地区之间均衡发展，也可以起到积极作用。

同时，降低社保缴费费率要有长期意识。降费率不仅是权宜之计，还要有长期思想准备。因为进入新常态后，我国经济将进入中高速增长的通道，企业面临利润压力，财政也面临减收的压力，对降费率要有长期打算。原因有三：第一，我国社保缴费费率一直处于世界偏高水平，要将降低社保费率当作供给侧改革的重要措施，持续下去。这是适应新常态的一项重要调整。第二，我国经济的制度性交易成本始终居高不下，是经济的结构性问题之一。毫无疑问，在这个方面，应有一个长期意识，为企业创造良好的微观经济环境，减轻经济的制度性交易成本，增强企业竞争力。第三，社保缴费费率一旦降下来，就难以再恢复。因此，社会保险制度的缴费水平和待遇水平应有稳定的预期，如果在经济景气时缴费水平高，待遇水平也高，经济不景气时缴费率下降，替代率也随之下降，预期就会受到极大影响，制度就会遭遇反弹。中央经济工作会议公报明确降低制度性交易成本。这一提法提醒我们，对降低社保缴费费率要有长期意识。

(一)调整社会保险费率的国际借鉴

调整社会保险费的高低，可以缓解经济形势产生波动时所带来的负面影响，在经济下行期，可以适当降低社会保险费率，减轻企业负担。作为政府，既要注意减轻企业的负担，又要注意保护劳动者的权益，在调整社会保险费率时要兼顾二者，提升社会保险制度的系统性、整体性和协同性。实现社会发展与经济增长的平衡。

1. 降低社会保险费率，减轻企业负担

降低社会保险费率是经济下行期减轻企业负担的一般做法。社会保险通过调节社会总需求来推动供给和需求之间的平衡，具有稳定经济发展的作用。在经济下行期，由于失业人数增加，失业保险基金及其他社会保障方面的支出增加，同期社会保险支出大于收入，会刺激消费需求；在经济上行期，其作用相反。社会保险能确保劳动者在丧失经济收入或劳动能力的情况下，维持自身及其家庭的基本生活，保证劳动力的再生产。

德国降低社会保险费率是通过调整社会保险待遇给付机制和建立多层次社会保障体系来支撑的。2008 年金融危机，重创欧洲经济，欧洲多数国家经济低迷，唯有德国经济所受影响小，其中德国社会保险制度的作用不容置疑。德国降低社会保险费率一般会与经济下行错开，其目的是为了应对经济的可持续发展，并非为了降低企业成本。采取的主要手段是调整社会保险待遇给付标准，降低养老金待遇水平，同时建立多

层次保障体系。而德国降低社会保险费率的前提条件是延迟退休年龄和提供稳定的财政补贴。

新加坡采取的是灵活的公积金制度，从简单的养老制度逐步过渡到包括养老、住房、医疗在内的综合性制度。其降低社保费的特点是控制劳动力成本增长，重点发挥中央公积金制度的经济促进作用。

2. 不能局限于降低费率

美国为应对金融危机，采取直接提供收入补助和社会服务的措施，对失业津贴的领取期限予以延长，提高失业保险金标准，为失业人员提供医疗保险补助等，增加政府社会保障支出。

韩国曾采取新自由主义改革，加大政府开支，提高社会福利水平。

国外经验说明，社会保障是化解危机、缓冲经济社会风险的必要条件。在人口结构、赡养率等客观因素不变的情况下，国家财政状况、社会保险待遇水平、退休年龄、社会保险制度保障层次等因素对降低社会保险费率都会有一定的影响。

德国比较在意的是制度资金自身的平衡，降低养老金的替代率，社会保险的持续支出以财政为基础。德国推迟退休年龄，建立企业补充和私人养老金计划，降低社保费率必须改革制度，理清各方责任，增加财政投入或国有资本划转投入，建立多层次保障体系。

(二) 我国社保费率改革的情况

社保缴费基数及缴费率决定了我国用人单位的社会保险缴费成本，一直以来，我国社会保险费率都处于偏高水平。

社会保险的缴费费率偏高，导致我国大部分用人单位社保缴费成本较高，单位负担较重。同时，不同地区之间还存在社会保险费率以及缴费基数不统一的情况，有的地区高，有的地区低。

我国正在进行的供给侧结构性改革，要求增强国有企业活力，其中最重要的就是降低企业经营成本，企业经营成本中社会保险缴费所占比重较高，社保成本对企业可持续发展的影响不容忽视。企业成本增加，导致缴费困难，欠费现象更加严重，主要是有部分企业欠缴数额增长速度过快；部分企业停产、破产关闭等导致欠费。许多用人单位为了少缴纳社会保险费，减轻负担，常常通过压低缴费基数的方式进行规避，导致我国实际缴费率低于法律规定的缴费率。因此，必须对社会保险费率进行适当调整。

降低社会保险费率，是减轻企业负担、优化营商环境、完善社会保险制度的重要举措。但是，考虑到我国职工基本养老保险和职工基本医疗保险的收支缺口较大，我国社会保险基金面临着较大的挑战，因此，社保费率改革也不可能是简单地降低社保缴费费率，还必须通过其他的配套措施加以辅助。

2015年6月，国务院总理李克强主持召开国务院常务会议，决定降低工伤和生育保险费率，进一步减轻企业负担。会议决定，在已降低失业保险费率的基础上，从10月1日起，将工伤保险平均费率由1%降至0.75%，并根据行业风险程度细化基准费率档次，根据工伤发生率对单位(企业)适当上浮或下浮费率；将生育保险费率从不超过1%降到不超过0.5%；工伤保险和生育保险基金超过合理结存量的地区应调低费率。实施上述政策，预计每年将减轻企业负担约270亿元。

2016年4月，人力资源社会保障部与财政部发出《关于阶段性降低社会保险费率的通知》，从2016年5月1日起，企业职工基本养老保险单位缴费比例超过20%的省(区、市)，将单位缴费比例降至20%；单位缴费比例为20%且2015年底企业职工基本养老保险基金累计结余可支付月数高于9个月的省(区、市)，可以阶段性将单位缴费比例降低至19%。失业保险总费率在2015年已降低1个百分点基础上可以阶段性降至1%~1.5%，其中个人费率不超过0.5%。

《通知》表示，社会保险费率调整工作政策性强，社会关注度高。各地要把思想和行动统一到党中央、国务院决策部署上来，加强组织领导，精心组织实施。要健全基本养老保险激励约束机制，确保基金应收尽收，实现可持续发展和长期精算平衡，并确保参保人员各项社会保险待遇标准不降低和待遇按时足额支付。要加强政策宣传，正确引导社会舆论。①

2019 年 4 月 1 日，为贯彻落实党中央、国务院决策部署，降低社会保险(以下简称社保)费率，完善社保制度，稳步推进社会保险费征收体制改革，国务院发布《降低社会保险费率综合方案》，要求全国各地区各有关部门统筹考虑降低社会保险费率，完善社会保险制度，稳步推进社会保险费征收体制改革，密切协调配合，抓好工作落实，确保企业特别是"小微企业"社会保险缴费负担有实质性下降，确保职工各项社会保险待遇不受影响、按时足额支付。

根据该方案，社保费率改革工作的安排如下：

1. 降低养老保险单位缴费比例

自 2019 年 5 月 1 日起，降低城镇职工基本养老保险(包括企业和机关事业单位基本养老保险，以下简称养老保险)单位缴费比例。各省、自治区、直辖市及新疆生产建设兵团(以下统称省)养老保险单位缴费比例高于 16% 的，可降至 16%；低于 16% 的，要研究提出过渡办法。

2. 继续阶段性降低失业保险、工伤保险费率

自 2019 年 5 月 1 日起，实施失业保险总费率 1% 的省，延长阶段性降低失业保险费率的期限至 2020 年 4 月 30 日。自 2019 年 5 月 1 日起，延长阶段性降低工伤保险费率的期限至 2020 年 4 月 30 日，工伤保险基金累计结余可支付月数在 18 至 23 个月的统筹地区可以以现行费率为基础下调 20%，累计结余可支付月数在 24 个月以上的统筹地区可以以现行费率为基础下调 50%。

---

① 人社部：生育保险和医疗保险将合并[EB/OL]. 网易新闻，2016-04-20.

3. 调整社保缴费基数政策

调整就业人员平均工资计算口径。各省应以本省城镇非私营单位就业人员平均工资和城镇私营单位就业人员平均工资加权计算的全口径城镇单位就业人员平均工资，核定社保个人缴费基数上下限，合理降低部分参保人员和企业的社保缴费基数。调整就业人员平均工资计算口径后，各省要制定基本养老金计发办法的过渡措施，确保退休人员待遇水平平稳衔接。个体工商户和灵活就业人员参加企业职工基本养老保险，可以在本省全口径城镇单位就业人员平均工资的60%至300%之间选择适当的缴费基数。

4. 加快推进养老保险省级统筹

各省要结合降低养老保险单位缴费比例、调整社保缴费基数政策等措施，加快推进企业职工基本养老保险省级统筹，逐步统一养老保险参保缴费、单位及个人缴费基数核定办法等政策，2020 年底前实现企业职工基本养老保险基金省级统收统支。

5. 提高养老保险基金中央调剂比例

加大企业职工基本养老保险基金中央调剂力度，2019 年基金中央调剂比例提高至 3.5%，进一步均衡各省之间养老保险基金负担，确保企业离退休人员基本养老金按时足额发放。

6. 稳步推进社会保险费征收体制改革

企业职工基本养老保险和企业职工其他险种缴费，原则上暂按现行征收体制继续征收，稳定缴费方式，"成熟一省、移交一省"；机关事业单位社保费和城乡居民社保费征管职责如期划转。人力资源社会保障、税务、财政、医疗保险部门要抓紧推进信息共享平台建设等各项工作，切实加强信息共享，确保征收工作有序衔接。妥善处理好企业历史欠费问题，在征收体制改革过程中不得自行对企业历史欠费进行集中清缴，不得采取任何增加"小微企业"实际缴费负担的做法，避免造成企业生产经营困难。同时，合理调整 2019 年社保基金收入预算。

7. 建立工作协调机制

国务院建立工作协调机制，统筹协调降低社保费率和社会保险费征收体制改革相关工作。县级以上地方政府要建立由政府负责人牵头，人力资源社会保障、财政、税务、医疗保险等部门参加的工作协调机制，统筹协调降低社保费率以及征收体制改革过渡期间的工作衔接，提出具体安排，确保各项工作顺利进行。

以上采取的降费率的综合举措，尤其是养老保险，用人单位缴费费率从原规定的 20% 降至 16%，一次性降低 4 个百分点，将减轻企业社保缴费负担 8000 亿元，是我国建立社保制度以来降幅最大的一次。

此次社保费率改革，在减轻企业缴费负担，增强企业活力的同时，也是"稳就业"的重要举措，在一定程度上形成倒逼机制，使养老金制度改革提速，有利于形成企业发展与社保体系建设的良性循环，增强社保制度的可持续性。

同时，降低社保费率，也有利于社保征缴工作的开展，在一定程度上可以有效杜绝过去缴费比例高但征缴难、减免随意等问题，还可以缩小省际间社保缴费的差距，促进省际间企业公平竞争、职工待遇公平，为促进人才资源在省际间的合理布局和均衡流动发挥作用，也必然对企业的跨地域投资、用工和业务扩展起到有力的助推作用。

社保待遇会随着社会经济发展和物价水平的波动呈现刚性增长，降费率不会影响到职工和退休人员的养老金权益和其他社保权益。

经过专家反复测算，降低费率后基金总体上仍能够保证收大于支，而且我国企业养老保险基金累计结余 4.78 万亿元。全国社保基金已有 2 万亿元左右的战略储备，能够确保养老金按时足额正常发放。

短期来看，降低养老保险单位缴费费率不会给养老金支付造成压力，但中长期养老保险基金可持续性可能会面临压力。

《降低社会保险费率综合方案》实施一年多以来，31 省份均提出将阶段性降低失业保险费率政策延长一年，从 2019 年 5 月 1 日起，执行至 2020 年 4 月 30 日，即失业保险继续执行 1% 的缴费比例。

河北、山西、辽宁、吉林、黑龙江等 11 省份是 20%；北京、天津、内蒙古、贵州、江苏等 16 省份为 19%；福建、山东两省份则为 18%，仅有广东、浙江两省的企业养老保险单位缴费比例低于 16%，分别为 13%、14%。针对这种情况，广东、浙江今年分别在其降低社会保险费率方案中提出，对机关事业单位养老保险单位缴费比例进行下调。

广东省人力资源和社会保障厅在《广东省城镇职工基本养老保险单位缴费比例过渡方案》中提出，逐步提高企业职工养老保险单位缴费比例，单位缴费比例为 13% 的市，2020 年底前将单位缴费比例调整为 14%，然后再根据国家统一部署，将单位缴费比例逐步过渡到全国统一标准。另外，将全省机关事业单位养老保险单位缴费比例由 20% 统一下调为 16%。

(三) 完善我国社保费率改革的若干建议

为了建立更加公平合理、可持续发展的社会保障制度体系，同时减轻企业经营成本，我国应当科学评判社会保险费率水平，全面分析成因，策略性降低社会保险费率，充分发挥社会保障制度的功能。

1. 以法律形式明确规定社会保险费征缴标准

《社会保险法》和《征缴条例》都没有规定社会保险缴费基数及其确定方法以及社会保险费率，导致在社会保险费征缴过程中出现各种各样的不规范行为，对社会保险基金的收支平衡产生影响，有损社会保险制度的严肃性。

因此，笔者建议在《社会保险法》及社会保险征缴规则修订时增加关于社会保险缴费基数及其确定方法的规定。社会保险缴费基数应当以参保者的工资收入作为确定基础。但是我国目前个人收入的情况无法完整统计，用人单位的工资总额和统筹地区的平均工资计算方法都存在缺陷，导致社会保险缴费基数难以核定。对于工薪劳动者及其用人单位而言，要进一步明晰工资的含义、计算口径及统计规则，并总结出关于工资统计的统一而简便易行的计算方式，为准确核定用人单位及其职工的社会保险缴费基数奠定基础。① 各统筹地区要按照以支定收的原则确定和调整本地区的各项社会保险费率，涉及调剂金的，在费率确定时考虑调剂金事项。对于灵活就业人员自愿参加社会保险的，社保缴费基数可以采取自行申报的方法，还有一些社保缴费项目采取的不是定额制，不涉及社保缴费基数问题。因此，在确定社保缴费基数时，要考虑到劳动者收入来源的多渠道性，充分利用税务部门信息掌握的全面性，设计出科学合理的缴费确定办法。

2. 策略性降低社会保险缴费成本

充分利用财政等再分配筹资工具，加大财政转移支付力度和国有企业收益反哺力度，改革待遇确定方式，发挥好社会保险基金的增值功能，减轻企业当期缴费压力和远期筹资负担。精简归并不合理社会保险项目，增加基金调剂使用，下调部分险种费率。降低企业社会保险费率必须坚持"全国一盘棋"，尽量由各地自行降低社会保险费率，避免产生新的不公平危机。

3. 进一步调整社保缴费政策

目前，一些企业经营困难，将社会保险费视为较大负担。社保缴费是一部分工资的延期使用，属于劳动报酬的范围，是企业正常成本，和工资一样在税前列支，应该缴纳也必须缴纳，不能简单地将其视为"负

---

① 何文炯，蔡青，张畅玲．"职工平均工资"的困惑——兼论基本养老保险制度的完善[J]．统计研究，2004(11)．

担"。但政府有必要调整缴费政策，让企业更容易接受。

笔者认为，可以在三方面加以调整。其一，缴费所参考的社会平均工资要更好地反映全体就业人员收入的实际情况，使其更接近真实的缴费能力。比如，缴费的下限是社会平均工资的60%，而达不到这个工资水平的低收入人员及其企业会感到负担重。其二，增加缴费政策的灵活性。目前劳动密集型企业的社保缴费负担较重，有必要考虑劳动密集型"小微企业"的实际，适当下调缴费率。其三，应结合经济运行状态调整费率，比如遭遇大的冲击、出现普遍经营困难时，启动临时性社会保险费减免政策，帮助企业特别是"小微企业"渡过难关。

4. 倡导政府承担更多责任

调整企业和个人的社保缴费水平，不是要下调社保待遇，也不一定要下调整体社保费率，而是倡导政府承担更多责任。目前我国财政用于社会保险的支出不到8%，远低于发达国家的水平。在总缴费水平不变的前提下，财政多支付一些，企业和个人的压力就可以小一些，"小微企业"更容易接受，员工也会更积极。

5. 优化欠费预警管理制度

在社保征收主体变动过程中，由社会保险经办机构列出欠缴清单，建议税务部门采取实时动态监控的方式对本统筹区域内欠费企业进行监控，建立欠费单位台账，对于未及时申报缴纳费款的缴费人进行缴费提醒，在到期前一周内，采取短信推送、电话告知等方式及时提醒缴费人，防止由于缴费人非主观故意(未申报成功等原告)造成的欠费；对经过提醒仍未按时缴费的进行现场调查核实，及时了解未按时申报缴费的真实原因及其生产经营状况；对于无正当理由未按时缴纳社会保险费的欠费人进行督促并告知其欠费的法律后果。

建立社会保险费征缴信息公开制度，及时向参保人公开本单位社会保险缴费情况，包括税务部门的征收情况，接受社会的监督。

6. 激励灵活就业人员参保缴费

针对灵活就业人员的缴费积极性不高的问题，税务部门可以在缴费基数上给予灵活就业人员适度宽松的优惠政策。随着降低费率等相关政策的出台，灵活就业人员参保人数应该会逐步增加。不同收入水平的灵活就业人员自主选择权更大，可以根据自身情况选择不同的缴费标准。政策制定者对灵活就业人员进行适当的正向激励，鼓励其参加社会保险，完善灵活就业人员养老保险制度。

7. 加强部门配合，形成征管合力

为了规范税务管理，近年来工商、税务、质监、人力资源与社会保障部门联合对企业施行了"四证合一、一照一码"制度，开发应用税务登记证、工商营业执照、组织机构代码证、社会保险登记证"四证合一"税务登记系统，受理企业登记信息，企业不需再到地税部门单独办理税务登记，从而提高了服务效率，极大地方便了纳税人，也为加强社会保险费的登记、征管工作提供了契机。

如黑龙江省在2015年制定实施了《关于实行企业"四证合一"登记制度的实施意见》，社保部门在企业办理设立登记环节参与联合认定，对符合参保条件的企业全部登记参保。通过部门配合，促进社会保险费应保尽保，下一步还应多部门开展联合执法、联合宣传，共同对应缴费未缴费企业实施追缴和处罚，将恶意逃、欠费的企业和个人纳入社会诚信体系，实施多部门联合惩戒。积极提升缴费社会遵从度，积极营造良好的社会保险费征管、缴纳环境。

8. 为深化改革预留空间

虽然我国社会保险领域取得了重大成就，但是现行社会保险制度存在很多缺陷，公平性不足，运行效率低下，补充性保障发展缓慢，多层次社会保障体系尚未形成，社会保险待遇确定和调整机制不合理，筹资

机制不健全，社会保险基金运行效率低下。在修订社会保险费征收法规时，需要注意社会保险强制参保的项目是否需要增加和保障对象是否需要扩大，参保者个人缴费比重是否需要提高，某些社保项目是否要从等额缴费制转变为比例缴费制等问题，在社会保险法律法规修订时预留空间。

三、社保征缴方式改革

（一）社会保险费征缴模式概述

20 世纪 80 年代开始，我国就启动了社会保障制度改革的工作，从原有的由国家和单位"一管到底"的社会保障制度迈向由国家、企业、个人共同负担的社会保障制度。

1993 年，十四届三中全会明确了建立多层次的社会保险制度改革目标，确立了"统筹账户+个人账户"的基本养老保险方案。此后，我国一直由社保部门独立负责社会保险费的征缴工作。随着国企改革的深入发展，大批企业申请破产，导致大量职工失业，各项社保征缴工作无法正常开展，同时由于养老保险待遇逐年提高，养老基金收支缺口越来越大。为更好地开展社会保险征缴工作，提高社会保险费征收效率，实现社会保险基金的收支平衡，有些省份开始指定由税务部门统一征收社会保险费。

1995 年，武汉市率先开始由地税部门部分代征社会保险费，部分国企的养老保险费由地税部门代为征收。

1998 年，国家为保障失业人员和企业离退休人员的基本生活，提出了"两个确保"的目标，扩大社会保险覆盖面，强化社会保险费的征收工作成为相关部门的重要任务，并成为政绩考核指标。

1999 年，《社会保险费征缴条例》颁布施行，条例中明确税务部门和社保部门作为社会保险费的征缴主体，将二者的主体地位予以合法化,各省的征收主体自行决定,从此,我国社会保险费"双重征缴"体制正式确立。

2000 年后,由于社保部门在征收社会保险费时产生各种问题,欠费现象严重,许多省市开始将社会保险费的征收工作由社保部门移交给税务部门。

2011 年 7 月 1 日《社会保险法》正式生效,明确规定我国社会保险费实行统一征收,但是未明确具体由哪个部门来征收。由于法律规定较为模糊,导致实践中,不同省市社会保险费征收主体仍然未统一,有的省是由社保部门征收,有的省是由税务部门征收。

2018 年 7 月,国务院颁发《国税地税征管体制改革方案》,其中明确规定从 2019 年 1 月 1 日起,将基本养老保险费、基本医疗保险费、失业保险费、工伤保险费、生育保险费等各项社会保险费交由税务部门统一征收,开启了我国税务部门征收社会保险费的新阶段。

我国社会保险费的征缴主体经历了从单位代征缴期、社保机构征缴期、社保机构和税务部门共同征缴期及现行的税务部门统一征缴时期。

(二)双重征缴体制存在的问题

1. 征收主体法律定位不清晰,职责不明确

《社会保险费征缴暂行条例》和《社会保险法》对于社会保险费征缴主体的规定均不明晰。法律层面的不足,导致我国社保费存在"双重征缴"的状况,征缴主体的混乱导致社保费征缴效率的低下。在社会保险费征收过程中,由于法律未明确规定统一的征收主体,导致各地征缴模式不统一,具体的实施政策不统一,执法力度不统一,征管制度不统一。两部门还存在职责权限划分不清的问题,按照相关法律规定,社保费的核定、登记、申报以及行政处罚权属于社会保障部门;税务部门只有代为征收的职责,没有稽核、检查的权限,导致税务部门对社保缴费

情况了解不详细，发现问题时没有权限进行处理。①

2. 征收口径不一致，缴费基数不合法

我国多数企业的缴费基数不合法，企业的参保率、险种覆盖率一般问题不大，但是缴费基数的合法性较差，目前我国企业的社保缴费情况从不愿意缴纳到延迟缴纳，再到按时缴纳但缴费基数不实的阶段。缴费基数不实的原因主要由于征缴机构混乱，征管力度不足，征收手段落后，导致企业在利益的驱使下，出现少缴、逃缴、欠缴行为。

3. 征收政策不统一，缴费水平不均衡

我国社会保险多数都是省级统筹，各地经济发展水平不同，社会保险基金运营方式、征管办法、缴费率、给付标准等都不同。同一地区社保经办机构针对不同企业采取不同的征收政策；各地区之间缴费率差别较大；不同类型行业企业间缴费水平存在差异。

4. 征管效率低，征管不严

我国实行先税务登记后社保登记的模式，由于各部门信息不对称，信息传递不及时使得税务与社保部门之间经常脱节，造成一定比例的纳税人未纳入缴费人管理范围，不利于社保覆盖面的扩大。税务部门仅具有征收权，使得税务部门在其他方面权限不足，执法刚性大打折扣，容易产生效率低下等问题。

(三)"双重征缴"的终结

社会保险是社会保障的重要组成部分，我国目前的"双重征缴"体制，既分散又不利于社保费的征缴。2017 年 1 月 1 日起，河南省社保

---

① 许泽宇. 社会保险费征缴模式—企业绩效与最适缴费率区间[D]. 济南: 山东大学, 2019.

征缴工作从社保部门转移到地税部门，自此，我国已有22个省级税务机关实现了代征社保费，不过仍有部分地区的社保费是由社保部门征收。一直以来，社会保险费由哪个部门来征收的争议不断，由于涉及财政部、税务机关及人力资源与社会保障部等部门，各方一直未达成共识。

主张由社保部门进行征收的理由如下：社会保险费长期由社保部门进行征收，其工作人员熟悉各项社保政策和业务，由其负责征收具有先天的优势；社保部门征收有利于高效管理社会保险关系，社保经办管理服务贯穿于登记、审核、征缴、待遇发放、服务等整个服务过程，社保费征缴工作只是其中一个环节。由社会保险经办机构负责征缴，便于保证信息流和资金流的无缝衔接，能够有效维护参保人的社会保险权益。

主张由税务部门征收的理由如下：税务机关是专门的政府执法机构，本身就有独立的征收体系，能够从体制上实现"税务收、财政管、社保支、审计查"的多部门管理格局；税务系统有专业征收团队，征收能力强大；金税三期工程能够实现全国征管数据应用的大集中。①

(四) 养老保险收不抵支加速社保征缴方式的改革

人口老龄化速度快、老年人口基数大、失能失智等问题加剧，享受养老保险待遇的人越来越多，养老保险基金的来源是单位和在职职工的缴费。养老保险在五大社会保险中所占比重最高，社会保险基金负担过重，在养老保险待遇不变的情况下，在职职工要承担更多的缴费责任，才能维持财务收支的稳定。从实际情况看，职工基本养老保险的当期缴费水平已经无法满足退休人员的支出需求。按照目前支付需求扩大的情况，养老保险基金收不抵支的现象会越来越严重。虽然各级财政对基本养老保险基金的补贴力度不断加大，但是在全国范围内，出现养老保险基金收不抵支现象的省份越来越多。央行金融研究所所长姚余栋在"超

---

① 王红茹. 社保费"双重征缴"历史或终结[J]. 中国经济周刊, 2016(50).

老龄社会"的课题研究中表明，15 年后，我国养老金缺口将达到 4.1 万亿元，我国未来养老金存在缺口将成为未来社会的常态。

(五) 税务部门统一征收的必要性

我国原来的征收模式中，主要是由社保机构进行征收，但是由于社保机构的单位性质，在征收社保的过程中，缺乏管制，容易出现征收完成率较低的情况，缺乏有力的管控措施；税务部门较社保机构而言，具有更强的控制力，在一定程度上，可以避免偷、漏、拖延缴纳社会保险费的情况，税务部门可以根据相关法律规定，对未按时缴纳社保的企业及个人采取强制执行措施，加大惩处力度，能够较好地完成征收工作。税务机构征缴社会保险费，具有以下优势：

1. 征缴效率高

税务机构作为税收机关，能够更加准确地掌握各企业的实际经营状况及纳税情况，可以对企业申报的社会保险费缴费基数进行核实，准确掌握企业社会保险费欠缴情况，有效杜绝企业缴纳社保费的投机行为，提高缴费率。税务机关的工作人员都是经过专业学习的，对企业的各种数据和信息比较敏感，对社会保险的各种内容掌握比较快，工作效率更高。由于税务机关本身就掌握了企业一定的信息，可以省略很多人力和物力对企业的信息进行核对。[①]

2. 征缴力度大

税务机构设立时间长，体制建设相对完善，业务执行力度大，能够更好地完成征缴任务，以保障社会保险基金的到位。随着人口老龄化的加剧，养老和医疗保险方面的支出将越来越多，税务部门的征缴力度可

---

① 钮佳佳. 税务机关征缴社会保险费利弊的研究 [J]. 中外企业家，2019 (14).

以在一定程度上缓解社保基金入不敷出的问题。

3. 缓解社保支付压力

税务部门执法具有刚性，其体制建设相对比较完善，有利于遏制拖欠社保费的行为，增加社会保险基金收入，缓解部分地区社保支付压力。

4. 提高个人社保待遇水平

各企业若能按照相关规定，以员工实际工资水平作为员工缴纳社会保险费的基数，每个月扣除的社会保险费就会比较多，员工个人每个月从单位获得的工资金额就会相应减少，当期工资收入会降低，但是未来收益会增加。结合个税政策看，社会保险费扣除金额增加，个人所得税应纳税额就相应较少，新税法下个人所得税扣除费用和税率做出调整，优惠力度加大，会带来减税效果，综合社会保险费缴纳政策和个人所得税政策，员工当期收入未必减少。从长期看这场改革，依法合规地为员工缴纳社会保险费会在一定程度上提高未来的社会保险待遇水平，这与缴纳社会保险费的出发点是一致的。社会保险征缴改革相关配套政策调整了就业人员平均工资计算口径，缴费基数降低，对于低收入人群来讲，可以从某种程度上缓解当期缴费压力。[①]

(六)税务机关征缴社会保险费存在的问题

虽然国家层面已经明确自 2019 年 1 月 1 日起，社会保险征缴工作转交税务部门执行，但是存在部分省份社保部门和税务部门之间社会保险费征缴工作转移上没有衔接到位，征缴机制不够完善等诸多问题。

1. 法律制度滞后，缺乏强制性、指导性

征收社会保险费的法律依据还是《社会保险法》，社会保险费改由

---

① 刘敏. 我国社会保险费征缴问题研究[D]. 昆明：云南财经大学，2020.

税务部门征收后，国家并未出台这方面新的法律法规，税务部门很难全面地征缴社保。缺乏完整的、系统的制度，实践中容易出现个人收入少报、员工总人数隐匿、拖欠社保等现象。虽然法律规定了可以采用收取滞纳金、强制执行等手段，但是执行力不到位。

国务院颁发了《国税地税征管体制改革方案》，明确由税务部门征收社会保险费，但是文件内容较为简单，实施方案不完善，在工作交接后，原来的社会保险征收机构是注销还是继续存在负责其他工作，原来的社保机构与税务机构之间的交接工作如何进行，如何保障城乡居民和流动人口的参保率等，都没有作明确的规定。

2. 信息网络缺乏相互衔接①

原来的社保缴费方式为"人社核定，税务征收"，即社保机构负责社保费的登记、审核，税务系统负责征缴社保费。现在调整为缴费人自行向税务部门申报缴纳，在转换过程中，面对大量的基础信息交接、校验、导入、权益登记、对账及征收明细交换等工作，两部门虽然会进行信息共享以便更好地进行沟通，但是在数据对接方面的过渡时期，系统互联、数据清理迁移的过程中，由于双方系统不同，数据在导入系统时经常出现异常，很多数据需要人工手动来处理，处理起来比较麻烦，加大了基层工作人员的工作量。

3. 灵活就业人员参保率低

随着社保缴费制度的发展和完善，灵活就业人员征缴范围不断扩大，但是参保率增长速度缓慢。灵活就业人员的缴费采取自愿的原则，在是否缴纳社保、缴费基数和缴费年限及缴纳类型等问题上，都是由其在法律规定范围内自愿选择的，不具有法律强制性；而且，这类人员多

---

① 冯云霞．税务统征社保费存在的问题及对策思考[J]．大众投资指南，2019(22)．

数收入水平较低，为减少支出，多数选择不缴纳社会保险费，只有在国家政府出台一些优惠政策时，才会出现灵活就业人员参保增长的现象。如果长期没有出台激励措施，对于灵活就业人员的社保费征缴就比较困难。而税务部门作为征收主体时，其执法的刚性决定了其不可能经常出台一些优惠政策，因此对于灵活就业人员参保的征缴就达不到理想的效果。

4. 缺少社保方面的专业人才

国地税合并后，税务部门在市区乡镇等设立税务分所，但是很难覆盖所有村落和乡镇，只能靠代征人员进行收缴，其部门设置与城乡养老保险和医疗保险的覆盖范围不完全一致，管理难度大。代征人员一方面收入水平低，影响其征收积极性；另一方面不具有专业性，无法应对社会保险征缴工作涉及人员广，执行标准复杂，社会保险种类多等问题。

5. 权责划分不清晰

社保费由税务部门统一征收，有利于使征缴工作更加规范化。但是由于税务部门内部的各职责部门与社保经办部门内部的各科室并非一一对应，两者原来的主要工作职能不同，设置的科室不同，在对接、清理以及合作时，部门对接存在职责不明确、各机构间各自为政等诸多问题。同时，税务部门内部也存在部门协调沟通不到位，部门间出现推诿扯皮的现象，导致缴费人在税务局和社保经办机构之间以及税务部门不同科室之间来回奔波无法解决的问题。

6. 欠缴现象严重，补缴难度大

社会保险费征缴部门虽然对于欠缴社保费的行为不断进行催缴，但是成效甚微。在社保费欠款管理过程中，没有省一级规范性文件进行指导，无法对社会保险费欠费情况进行系统性管理。同时，在清理欠费的工作过程中，也存在各种各样的现实问题导致工作开展不到位。比如，有些企业长期欠费，金额较大，欠费原因较复杂等历史问题，这类问题在处理时需要考虑的方面较多。同时需要兼顾社会的稳定性，为防止出现经济波动等严重问题，征缴部门因此没有完全依法履行征缴职责。有些企业没有给全体职工购买社会保险，只给部分员工购买，而且参保的费种不全，在税务部门全部接管社会保险费征收工作后，面临着督促企业办理补缴社会保险业务的难题，这也是社会保险费征缴的一大症结点。欠缴企业数量多、类型多，欠缴时间久，涉及人员广，庞大的历史补缴业务，增加了征缴成本，且有可能使得税务部门陷入法律纠纷中。

(七) 税务部门的应对建议

1. 加强法律制度建设，完善法律规范

建议国家出台相关法律规定，确保税务机关的征收主体地位，为征收工作提供法律依据。需要明确税务部门、社保部门、财政部门等各部门的职责，使其相互配合。

2. 完善信息系统的建设

在国家推进大数据整合和信息化共享战略的环境下，税务部门应抓住机遇，打通与社保部门之间的信息资源通道。有效整合银行、社保、税务间的信息资源，使企业所得税、社保缴纳基数、企业职工信息有效联通，这样才能准确地把握社保缴纳实际情况，将企业社保缴纳信息真实、准确、快速地反馈到税务一体化平台，做到各模块信息共享，实现全社会信息资源共享。此外，需要研究建立和发展信息一体化管理制度及信息化技术手段。建立信息化管理制度可以有效帮助各业务主体快速建立规范的信息共享流程和规范，同时广泛应用 APP 等新型数据终端

平台，在手机中推进自助缴费模式，提高缴纳效率。①

3. 完善监督和问责机制

社会保险费欠费征缴工作采取横向部门协作的方式进行内外监督，以督促税务部门提高工作效率，缓解社会保险费欠缴问题。从内部来看，为实现团结协作的目的，给予参与协作的各部门制约和监督其他部门的权限，能更好地维护各参与部门的合法权益；从外部来看，税务部门应当自觉接受媒体、企业和个人的监督，在欠费征缴过程中能够及时报告工作进展和取得的阶段性成果，确保政府工作的公开透明。通过内外部等多方监督，税务部门能够更加有效地履行自己的职责，提高管理效率。同时，制定有效的问责机制，从而能够有效缓解有缴费能力的企业欠费现象。各部门不仅要承担自己的职责，还要承担共同的职责，避免相互推诿扯皮。

4. 加强专业队伍建设，提高服务水平

我国社会保险体系庞大复杂，无论是登记、申报或者是计算实际待遇水平都需要专业人员进行，税务部门需要有经验丰富且熟悉相关法律法规的人员，在征缴工作移交后，不仅能够更好地完成工作，而且能够给予周围工作人员以有效的指导，帮助其提高服务水平。税务部门应当组织相关人员定期开展社会保险费的相关知识学习，加强业务培训，培养出专业过硬、素质较高的专业队伍以提高社会保险费的征收效率；还可以引进具备相关专业背景的人才，并进行分工配合管理。另外，还可以邀请外聘专家参与到社会保险费的征收工作中，不断优化社会保险费的征收工作，提高社会保险征缴效率，提升服务水平。

总体来讲，社会保险费交由税务部门征收既是机遇，也是挑战；税

---

① 冯云霞. 税务统征社保费存在的问题及对策思考[J]. 大众投资指南，2019(22).

务部门在征收社保费方面具有其自身的优势，但是在征收过程中也存在一定的困难。这些对税务部门提出了更高的要求。税务部门要在减税降费的基础上，进一步完善社会保险费的征缴体制。

四、外国社保征缴制度的情况和启发

对于社会保险费征缴制度，西方国家不仅致力于从立法上对其加以规范，如英国 1601 年颁布的《济贫法》、德国 1883 年颁布的《疾病保险法》和美国 1935 年颁布的《社会保障法》，而且还建立完善了相应的监管组织机构系统，如法国设立的保险监督委员会、英国设立的社会保障部、美国的社会保险基金委员会等，对社会保障征管工作，包括基金运作进行管理。总的来说，外国社保征缴制度有如下几个特点：

第一，征缴主体"三足鼎立"[1]

西方国家的社会保障制度已建立一个多世纪，社会保险征缴制度随着社会保障制度的演进发展日益成熟。总体来看，目前西方国家征缴主体呈现"三足鼎立"的局面：一是由社保部门征收；二是由税务部门征收；三是由基金管理公司或其他独立自治机构征收。不同征缴主体并存的情形并不是一开始就有的，而是经历了一段扬弃发展的历史过程，从社会保障制度建立到 20 世纪 30 年代，大部分国家因实行现收现付制，一直选择沿用了由社保部门征收社会保障基金的路径。自 20 世纪 30 年代以来，部分发达国家改由税务部门"代征"社会保障基金，如瑞典、美国和英国等。20 世纪末以来，部分转型的国家随着经济改革的不断深入和发展，如中东欧国家，也走向了由税务部门征收的历史道路。整体看，世界各国采取由社保部门或地税部门征收政策的大约各占半壁江山，地税部门作为征收主体的略多。部分拉美国家及欧洲的法国，则是

---

[1] 王堃. 社会保险费征缴制度研究综述与启示[J]. 东北财经大学学报，2016(06).

由私营机构征收社会保障款。

第二，征缴方式"三种模式并存"

如不考虑较为特殊的民营自治机构征缴模式，国外主要选择社保部门与税务部门作为社保供款的征收机构。一是社保部门和税务部门，基于自身不同属性，分别负责社会保险费的征缴工作；二是税务部门和社保部门征收社保供款的覆盖范围不同，税务部门的覆盖范围是针对部分人群，不能覆盖所有人，社保部门的覆盖范围是所有人；三是采用哪个机构征收，这直接与所在国的基本国情相关联。基于以上原因，各国在实际征收过程中主要有三类不同模式：

一是分别征收模式，就是由税务部门征收社会保障税，由社保部门征收社会保险费，实行一般税收和社保供款的征管相分离，税务部门和社保部门在征管社保供款的功能上几乎没有交叉，如欧洲的德国和比利时等；

二是代为征收模式，就是实行税务部门"税费同征"，由税务部门代替社保部门行使征缴职能的方式，如美国、英国和爱尔兰等；

三是混合征收模式，就是社保部门和税务部门共同征缴。或按协议约定，或按不同参保人群，由社保部门、税务部门分别负责征收社保项目，如荷兰和爱沙尼亚等。

第三，征缴要素"五位一体"

国际货币基金组织顾问斯坦福·罗斯认为，有效的征收制度必须包含五种核心要素：一是必须对雇主和受保护人进行登记注册，采用唯一的独有身份认定符号；二是必须有关于受保人工资收入并直接报告源头代扣缴费情况；三是应当有能够终身记录的数据，在支付养老金时使用；四是信息技术系统必不可少，身份标识、数据采集、记录保存和津贴支付等业务的综合处理是信息技术的关键；五是征收和强制执行机构的设立是重要前提，在征收过程中发现问题，及时发出通知提醒，并在视同通知送达的情况下采取有效措施加以后续管理。

也就是说，不论西方国家采取哪一种征收模式，都必须统筹考虑上述五种要素，缺一不可。

(一) 美国的社保征缴制度

美国是世界上最早实行系统的社会保障法律制度的国家。美国于1935 年 8 月 14 日颁布《社会保障法》(Social Security Act)，这也是社会保障(Social Security)一词首次被使用在法律文献之中。美国社会保障制度是 20 世纪以来应对经济危机和自由市场经济的发展而逐步建立起来的。美国联邦政府的职能正在逐渐从直接责任人向社会保障的决策者和监督方向转变，并且在权利的分配和使用上更倾向于地方政府，其实质是对各方面的资源进行整合。

美国现代社会保障体系由社会保险和社会福利两大部分构成。社会保险包括养老保险、残疾人保险、幸存者保险、医疗保险、失业保险等项目。社会福利是指一系列对低收入阶层和贫困的社会成员进行救助的项目。社会保险的目的是靠增加收入或提供资源来帮助人们解决生活中可能遇到的各种诸如退休、疾病、失业、残疾等问题。社会福利以商业保险为主是美国社会保险的补充，已成为美国社会保障制度的重要组成部分。它与社会保险共同支撑起独具特色的美国社会保障制度。

美国社会保障的筹资方式是由政府、企业与劳动者三方分担，个人和企业缴费为主要社会保险基金的来源；社会保障制度强调权利和义务以及收益和缴费的结合，即社会保障的受益者首先应该是缴费者。

美国互联网起步很早，信息化水平高。社会保险征缴工作，需要具备人性化的信息服务，针对不同缴费人满足其个性化需求。首先，在参保人页面为其展示收支预算单，使得参保人可以根据提示对自己账户名下资金进行合理分配；其次，美国社会保险经办机构实现了服务体系国内全覆盖，无论参保人在哪里都可以随时获得社会保险收益，极大地保障了参保人的权益；再次，社保体系中具备咨询服务功能，既能向参保人提供多种咨询服务，又可以接受业务咨询，获取所需信息，极大地便利了参保人，一定程度上提高了工作效率。

（二）英国的社保征缴制度

英国的社会保障体系建立于 1946 年至 1948 年，其主要依据是经济学家贝弗里奇的社会保障思想。通过多年的发展，基本形成了一套"从摇篮到坟墓的社会保障制度"。英国是福利型社会保障制度的代表国家，其社会保障体系主要包括四个部分：

1. 国民保险

国民保险即由国民保险计划提供各种保障待遇，包括养老保险、失业保险、疾病保险、工伤保险、生育保险以及家庭收入补助等。国民保险计划由政府有关部门及分布在各地的五百多个办事机构管理和实施，其对象是 16 岁以上公民，前提条件是事先缴纳一定数量的保险费。

2. 国民医疗保健服务

英国是世界上最早实行全民医疗保健的国家，在 1948 年就建立了国民医疗保健制度，其费用来自个人雇主和政府，其服务对象是英国公民以及在英国居住一年以上的外籍人。

3. 社会救济

1948 年英国颁布了国民救济法，建立了社会救济制度，1976 年建立了补充津贴法，完善了社会救济体系。

4. 社会福利

社会福利包括两个层次：一是政府有关部门和社会志愿者有关组织对有特殊困难者提供的各种福利设施和有关服务；二是指向全体公民提供的各种公共设施和津贴补助。

英国社会保障体系由政府统一管理，全国最高领导机构是卫生和社会保障部。社会保障资金主要来源于国家一般性税收。

英国的社会保障信息系统建设发展较快，通过建立社会保障银行来保障受益人权益。通过管理该系统，促使社保基金的征缴大幅提升；并通过该系统的应用加强了与外界的联系和沟通，简化了社会保险基金的计算过程和发放程序，降低了中间成本。

(三)日本的社保征缴制度

"二战"后，日本构筑了庞大的、较为完善的社会保障体系，主要由年金保险、医疗保险、劳灾保险、雇佣保险、护理保险组成。这一体系的建立对保障日本经济社会的稳定发展发挥了重要作用。随着日本进入少子老龄化社会，政府也在不断对其社会保障制度进行改革。

日本年金保险体系由三层结构组成。第一层为全民皆加入的"国民年金"，第二层为按收入比率交纳的"厚生年金"和"共济年金"，第三层为"企业年金"。其中国民年金、厚生年金、共济年金为国家直接运营的公立年金。

日本公立年金制度按投保人的不同具体分为：第一类被保险者指20岁至60岁之间的自营业者、农民、学生、自由职业者、无职业者；第二类被保险者指企业员工、公务员；第三类被保险者指被第二类被保险者所抚养的配偶。

国民年金法规定所有生活在日本的年龄在20~60岁的人员必须加入国民年金。但制度规定，加入厚生年金和共济年金的第二类被保险人不需缴纳保费。从2007年开始，个人缴纳部分上调到14100日元/月，此后每年4月上调280日元/月，至2017年达到16900日元/月为止。国家财政也支出相当于个人缴纳的金额。

厚生年金是专为企业员工设置的公立保险制度。厚生年金保险法规定，缴纳25年即可享受厚生年金，同时要求从业人员达到5人以上的企业和自营业者必须加入厚生年金保险。厚生年金的对象是第二类被保险者当中的企业员工，从 2006 年 9 月起，保费确定为月收入的 14.642%，因劳资各承担一半，故个人实际承担部分为 7.3%。新调整的厚生年金制度规定，今后保费比率每年 9 月上调 0.354%（劳资各承担一半），到 2017 年最终提高至收入的 18.30%。

共济年金是针对公务员、学校教职工设立的公立保险制度。共济年金的保费一般为总收入的 11.17%～14.76%（国家财政和个人各承担一半）。

企业年金，是效益较好的民间企业为了更加丰富员工退休后的生活，在已加入各种公立保险制度的基础上，另给员工增设的养老保险制度。企业年金的保费由企业全额承担或员工部分承担。

（四）德国的社保征缴制度

德国社会保障制度的确立迄今已有 100 多年的历史，其社会保障体系包罗万象，仅社会保险项目就有 100 多种。择其要者，德国社会保障制度包括社会保险、社会救济、家庭补贴等三个方面，其中以社会保险为核心内容。

在市场经济体制下，德国坚持社会保障应由国家、企业和个人三者合理分担的原则，其将社会保障视为一个维护社会稳定的过程，并将国家承担的社会保障任务与每个人根据其能力自主决定命运的天然义务严格分开。

（五）社会保险征缴制度的国际比较

1. 社会保障财政预算模式

世界上社会保障财政预算模式有不少，但最主要有两种：一种叫做政府公共预算模式；另一种叫一揽子社会保障预算模式。

（1）政府公共预算模式

公共预算模式是将社会保障资金全部纳入公共财政预算内，同政府其他收支混合为一体编制预算的一种预算制度模式。英国就是使用这种预算模式的国家，其社会保障收支与其他项目混在一起编制预算，社会保障赤字完全由政府财政支付，使得政府的社会保障负担很重，所以其中央财政收支一直不佳，社会保障基金不仅长期赤字，而且每年赤字越来越大。

（2）一揽子社会保障预算模式

一揽子社会保障预算模式是将社会保障基金的某一部分收支安排在政府公共预算内；另一部分收支安排在政府公共预算外通过"预算内"和"预算外"基金安排全面反映社会保障收支状况的一种预算制度模式。瑞典便使用此种模式，其社会保障预算仅仅将基本养老保险和工伤保险纳入中央政府的公共预算中，补充养老保险、医疗保险和失业保险都在预算外安排，社会保障收支项目一一对应，财政状况相对英国要好一些。

（3）公共预算模式与一揽子社会保障预算模式的比较

公共预算模式的优点在于：国家对社会保障全面负责，社会福利待遇高。其缺点在于：由于社会保障制度福利的刚性，社会保障支出难以控制，往往收支差额巨大，政府财政压力大。

一揽子社会保障预算模式的优点在于：社会保障的各项收支状况都得到了比较全面的反映，政府在全面协调社会保障资金的同时，负担低于政府公共预算制度。其缺点在于：社会保障收支的不同项目被放入不同的财政账户，社会保障收支的总量指标难以准确及时掌握。

2. 社会保险基金的筹集与监管

（1）社会保障基金来源

①缴税制。缴税制是指社会保障基金是以税收的方式收取的。实行缴税制模式最为典型的国家是美国。

②缴费制。缴费制是指社会保障基金是以费用的形式收取的。实行缴费制模式最为典型的国家是德国，它是世界上最早推行社会保障制度

的国家。目前，形成了以养老、失业、医疗、事故等社会保险为核心的社会保障体系，社会保险以国家法定社会保险为主，企业和个人可以根据自身情况购买补充保险。

③缴税制和缴费制的比较。缴税制是通过征税方式形成社会保障基金。好处在于：强制性强，负担公平，有利于提升社会保障的社会化程度。

缴税制的不足之处在于：税收形式形成财政资金后只能通过年度预算来安排，且通常以年度收支平衡为基本目标，从而事实上无法积累社会保险基金，故无法抗拒周期性的社会保障风险。

（2）社会保障基金筹资方式

①现收现付制模式

现收现付制模式，是由社会保障机构按所需支付的保险金总额进行社会筹资，即由雇主或雇员（或全部由雇主）按工资总额的一定比例（统筹费率）缴纳保险费（或税），以近期横向收支平衡原则为指导的基金筹集模式。

②完全积累制模式

完全积累制模式是劳动者从参加工作起，按工资总额的一定比例（缴费率）由雇主和雇员（或只有一方）定期缴纳保险费，记入个人账户，作为长期储存积累并增值的基金，其所有权归个人。领取时按照基金领取的条件，一次性或按月领取。

③现收现付制模式和完全积累制模式的比较

现收现付制模式的优点在于：一是不受通货膨胀的影响；二是可随时因需求变化而及时调整征税比例或缴费额度，保持收支平衡；三是无须个人资料，操作简便，管理成本较低。缺点在于：一是它要求人口增长的相对稳定，即每年进入和退出劳动人口的数量大致相当，否则将严重影响经济发展和社会稳定；二是费用负担存在代际转嫁的问题，容易造成代际矛盾。完全积累制模式的优点在于：一是不存在支付危机，也不会引起代际转嫁负担的社会矛盾；二是国家、企业负担较小，且不受年龄结构变动的影响；三是它有利于国家积累资金，成为国家调控中、长期宏观经济的又一手段。其缺点是：一是基金运营周期长，难以抵御通货膨胀的影响；二是基金投资和管理的难度大。三是完全积累制不具备收入再分配功能，不利于缩小收入差距，与社会保障制度的初衷相违背。

(3)社会保障基金监督和管理模式

①集中监管模式

集中监管模式是指一国政府在构建社保基金监管体系时，将监管职能赋予单一的机构，由该机构代表政府集中履行对社保基金的监管职能。智利就是比较典型的集中监管模式国家，它的社保基金监管由专设的养老金管理公司监督管理委员会负责。

②分散监管模式

分散监管模式是指一国政府在构建社保基金时，将国家对社保基金监管的职能赋予两个以上的主体，并且这些主体大多是政府现有的经济管理机构。

我国实行的是政府与市场互相结合的社保征缴管理体制，以地方事权为主要部分和中央地方的共同事权进行辅助作用。因为我国具有地域辽阔和人口众多等特点，因此既可以对政府的责任机制进行保证和落实，同时又能有效调动政府、社会和市场的积极性等。我国选择了社会保险制度作为主体制度，因为其符合我国社会主义发展特点，在权利与义务间具有兼顾性。鉴于我国各地区的经济承受能力状态不够平衡，因此社会保险制度对责任的分担作了有效的分配，起到一定的激励和约束作用，为制度进行更广的覆盖与可持续发展打好基础，可以进行分阶段实施，对中央政策进行总结和推广，对地方进行探索和实践，最终实现人人都能够享有基本保障的社会。

第二章　养老保险之退休年龄制度改革

一、养老保险与退休年龄

(一) 养老保险的概念

养老保险，全称社会养老保险，是指国家为了保障劳动者因年老丧失劳动能力，退出劳动岗位后的基本生活而建立的一种物质帮助制度。养老保险是社会保障体系的重要组成部分，是最重要的社会保险类型之一。养老保险的目的是保护老年人的基本需求，并提供稳定可靠的生活来源。

最早的社会养老保险法是 1669 年法国制订的《年金法典》，规定对不能继续从事海上工作的老年海员发给养老金。

具有现代意义的养老保险法最先出现于德国。1889 年 5 月 24 日，德国国会通过了《老年保障社会保险法》，于 1891 年 1 月 1 日开始生效。此后，各国纷纷效仿，相继建立社会养老保险制度。

1991 年 6 月 26 日，国务院颁布《关于企业职工养老保险制度改革的决定》，明确建立多层次的养老保险体系，实行职工个人缴费制度，改变养老保险完全由国家、企业包下来的办法，实行国家、企业、个人三方共同负担。

1995 年 1 月 1 日，《中华人民共和国劳动法》颁布实施。该法规定，国家发展社会保险事业，建立社会保障制度，设立社会保障基金，使劳动者在年老、患病、工伤、生育、失业等情况下获得帮助和补偿。

2005 年 12 月 3 日，国务院发布《国务院关于完善企业职工基本养老保险制度的决定》，进一步扩大基本养老保险覆盖范围到城镇各类企业职工、个体工商户和灵活就业人员，标志着城镇职工基本养老保险制度已经成熟。

2009 年 9 月 1 日，国务院发布《关于开展新型农村社会养老保险试点的指导意见》，开始新型农村社会养老保险试点。凡年满 16 周岁(不含在校学生)、未参加城镇职工基本养老保险的农村居民，可以在户籍地自愿参加新农保。

2011 年 6 月 13 日，国务院发布《关于开展城镇居民社会养老保险试点的指导意见》，2011 年 7 月 1 日启动城镇居民养老保险试点工作。根据指导意见，凡年满 16 周岁(不含在校学生)、不符合职工基本养老保险参保条件的城镇非从业居民，可以在户籍地自愿参加城镇居民养老保险。

2014 年 2 月 21 日，国务院发布《关于建立统一的城乡居民基本养老保险制度的意见》，在总结新型农村社会养老保险和城镇居民社会养老保险试点经验的基础上，将新型农村养老保险和城市居民养老保险合并实施，在全国范围内建立统一的城乡居民基本养老保险制度。

至此，我国的社会养老保险制度，基本涵盖全体社会成员，分为城镇职工基本养老保险和城乡居民基本养老保险两个部分。

(二) 养老保险的结构

社会养老保险，通常由三个部分构成，以达到对退休劳动者的生活给予最充分的保障的目的。

1. 国家基本养老保险。

国家基本养老保险，简称基本养老保险，是国家根据法律的规定，强制建立和实施的一种养老保险制度。

其主要特点是：国家依法强制设立；覆盖全体社会成员；保障基本生活需要；国家财政兜底。其作用是底线保障，① 在我国多层次的养老保险体系中，基本养老保险是第一层次，也是最高层次。

基本养老保险制度实行国家、社会、个人共同负担的原则筹集养老保险基金，按社会统筹和个人账户相结合的办法进行资金管理，按统一的规定计发养老金。

2. 用人单位补充性养老保险

用人单位补充性养老保险，也称企业年金，是由用人单位根据自身经济实力，在国家规定的实施政策和实施条件下，为本单位职工所建立的一种辅助性的养老保险。其目的在于完善我国多层次养老保险体系，提高职工退休后的养老保险待遇。

补充养老保险由用人单位自愿参加，体现用人单位之间的差别，② 有利于激励职工的工作积极性，提高用人单位的竞争力和凝聚力。

3. 劳动者个人储蓄性养老保险

劳动者个人储蓄性养老保险，是劳动者根据个人收入状况自愿参加的一种养老保险，居于我国多层次养老保险的第三层次。其目的在于满足更高的生活需求。

具体做法就是，劳动者每个月按照一定比例，拿出固定的金额存入专设基金个人账户，等到退休时才可以作为养老金提取。

劳动者个人储蓄性养老保险操作，虽然与定期储蓄比较相类似，但是它的性质和劳动者个人储蓄是完全不同的。前者是社会保险，基金账

① 国家基本养老保险[EB/OL]. 百度百科.
② 邹东升. 公共行政学[M]. 北京：北京大学出版社，2014.

户里的资金，专款专用，不能随意支取；后者是劳动者作为储户，和银行之间的债权债务关系，按照存款自由的原则，可以随时支取。

国家通过实施用人单位补充性养老保险和劳动者个人储蓄性养老保险，作为国家基本养老保险的附加保险，从而扩大了养老保险资金来源，通过多种渠道创建养老基金，以减轻国家和用人单位的负担，为劳动者提供高水平的养老保险。

为鼓励用人单位和劳动者积极参加附加养老保险，很多国家会采取一些刺激性的优惠政策。比如美国的"401K 退休储蓄计划"。

在美国，退休金是由公共养老金、雇主养老金、企业年金三部分构成。其中公共养老金相当于我国的国家基本养老金，占比约 40%；雇主养老金占比从 40% 至 70% 不等(因企业与员工的协议，养老金投资收益的差异而变)，企业年金一般是公务员和垄断企业的员工才可以领到。把三部分加起来，美国人领取的养老金和退休前工资基本持平，甚至更高。

其中，"401K 退休储蓄计划"是美国绝大多数私营企业为雇员提供的退休福利计划，是由雇员、雇主共同缴费建立起来的完全基金式的养老保险制度。按照计划，雇员每年按照收入缴纳一定比例(5%)的资金投入退休基金账户上，雇主也要按照雇员收入的一定比例(5%)将资金投入雇员的退休基金账户中。

退休基金账户的资金由专业的理财公司和人员，依据投资人个人的选择进行投资。雇员退休时，可以选择一次性领取、分期领取和转为存款等方式使用。

美国政府大力支持 401K 计划，给予税务优惠，所有积攒的养老金在规定领取年限前，一律不征收个人所得税。

(三) 养老保险的法律意义

养老保险的意义主要体现在以下几个方面：

1. 有利于保证劳动力的再生产

通过建立养老保险的制度，有利于劳动力群体的正常代际更替，老年人年老退休，新成长劳动力顺利就业，保证就业结构的合理化。

2. 有利于保障社会的稳定

养老保险为老年人提供了基本生活保障，使老年人老有所养。随着人口老龄化的到来，老年人口的比例越来越大，人数也越来越多，养老保险保障了老年劳动者的基本生活，等于保障了社会相当部分人口的基本生活。对于在职劳动者而言，参加养老保险，意味着对将来年老后的生活有了预期，免除了后顾之忧，从社会心态来说，人们多了些稳定、少了些浮躁，这有利于社会的稳定。

3. 有利于促进经济的发展

各国设计养老保险制度多将公平与效率挂钩，尤其是部分积累和完全积累的养老金筹集模式。劳动者退休后领取养老金的数额，与其在职劳动期间的工资收入、缴费多少有直接的联系，从而激励劳动者在职期间积极劳动，提高劳动效率。

此外，养老保险种类越多，参加的人越多，缴纳的保险费就越多，这样可以创建更多的养老保险基金，为市场提供资金来源，然后通过大规模运营和使用，把这些资金有序地投入市场，从宏观上帮助控制国家的国民经济。[①]

(四) 养老保险与退休年龄制度的关系

退休制度是劳动人事和社会保障制度的重要组成部分，与一个国家的劳动就业、养老保险等事项密切相关。其中，退休年龄又是退休制度

---

① 邹东升. 公共行政学 [M]. 北京：北京大学出版社，2014.

中最核心最具有影响力的内容。

从理论上讲，每个人由生到死，都在经历着逐渐衰老的过程。对于劳动者，年老力衰的时候退休，即退出劳动力市场进行休息，意味着劳动者丧失了法律上的主体资格，劳动合同终止或者不能再建立劳动关系。

由于退休的劳动者没有了工作，所以就没有工资收入。为了保障他们的基本生活需要，各国纷纷设立养老保险制度，为退休的劳动者提供养老金等物质帮助，免除他们的后顾之忧，老有所养。这是国家的责任和义务，也是对退休劳动者所作贡献的补偿，是社会进步和文明的表现。

从实践来看，各国的养老保险制度规定，领取养老保险金必须符合一定的条件。其中最重要的条件就是，要求劳动者必须达到法定退休年龄，办理退休手续。这意味着，劳动者什么时候退休，什么时候才可以领取养老金。由此看出，退休年龄和养老保险之间的关系是十分密切，不可或缺的。

退休年龄的早晚不仅关系到劳动者的切身利益，也直接关系到国家养老保险事业的发展，对于养老保险基金的发放和支付能力有着至关重要的影响力。

二、外国的退休年龄制度

世界不同国家的退休年龄制度，不尽相同。比较有代表性的有以下几个国家：

（一）美国

在美国，法定退休年龄，即正常退休年龄，是指可以全额领取养老金的最低年龄，它是按人口出生时间动态而设定的，男女退休年龄一致。①

---

① 钟仁耀，马昂．弹性退休年龄的国际经验及其启示[J]．社会科学，2016（07）．

美国退休年龄制度的最大特点就是弹性退休,养老金的领取年龄具有灵活选择性,在法律规定范围内,可以由劳动者自主决定。

第一,法定退休年龄是 66 周岁,最晚退休年龄 70 周岁。

第二,可以提前退休。年满 62 周岁就可以领取退休养老金,但是养老金金额必须打折。按照提前的时间,如果提前退休的时间不超过 36 个月,则每提前一个月退休,养老金在全额基础上减少 0.555%,如果提前退休时间超过了 36 个月,那么未超出 36 个月的部分仍按照每个月削减 0.555% 的比例,超出部分按照每提前一个月退休,养老金减少 0.416%。

第三,可以推迟退休,并且给予一定的奖励。在超过 66 周岁法定退休年龄之后,劳动者每晚一个月退休,可以在全额养老金的基础之上增加 0.67%,以此累加直到 70 岁。

美国这种以自愿为原则、渐进式的退休制度设计,让人们可以根据自身情况进行选择,而拉开档次的退休金获得比例,特别是对于延迟退休的奖励性收益,一定程度上鼓励了美国人延迟退休。

(二)英国

英国的法定退休年龄为 65 岁,但是退休者在领取国家基本养老金时,只要达到相关领取条件,可以根据个人情况自由选择领取年龄,并且可一直延迟至 70 岁领取。领取养老金的开始时间每向后延迟一周,养老金增加 0.2%,每延迟 5 周,养老金就会增长 1%,若持续延迟领取养老金,则养老金将每年增加 10.4%。此外,英国政府还对延迟领取养老金的劳动者收入采取一定的税收减免措施,以鼓励晚退休和晚领取养老金。

(三)德国

德国的法定退休年龄为 65 岁,凡是缴足 45 年养老金的,也可以选择 63 岁提前退休。此外对于妇女、失业者和残疾人等特殊人群,还可以早于 63 岁领取养老金。

同时，德国政府规定了提前或延迟退休的奖惩措施，劳动者每提前一年退休，养老金减发 3.6%，而每延迟退休一年，养老金增发 6%。由此可见，实际上德国政府在鼓励延迟退休的政策方面力度比较大。

(四) 法国

法国的法定退休年龄为 62 岁，但必须工作满 40 年，才可以领取全额养老金，否则就必须继续工作到年满 65 岁，男女标准一样。

(五) 日本

日本的法定退休年龄为 60 岁，交满 25 年的养老保险就可以退休。低收入群体可以申请免交养老保险，养老保险局根据申请人的家庭收入情况，决定是否给予免除，或免除多少。

(六) 挪威

挪威的法定退休年龄为 62 岁，但是所有挪威老年人年满 67 岁方可领取基本养老金。16 岁后在挪威居住满 40 年可领取全额基本养老金，居住不满 40 年，则根据居住年限领取一定比例的基本养老金。基本养老金由挪威议会每年进行调整。

同时，挪威的养老金实行财产核算制度，对那些退休后没有其他收入来源、配偶没有工作、赡养的家庭成员多的老人，他们领取的养老金也相应增多，这样做主要是使他们的家庭生活水平不至于与退休前的落差太大。

三、我国退休年龄制度概况

我国对于退休年龄的规定，最早可以追溯到 20 世纪 50 年代。1951 年 2 月 23 日，政务院颁发《中华人民共和国劳动保险条例》，规定男工人与男职员年满 60 岁，一般工龄已满 25 年，本企业工龄已满 10 年者，女工人与女职员年满 50 岁，一般工龄满 20 年，本企业工龄已满 10 年者，由劳动保险基金付给养老补助费。

这是我国最早的关于退休制度的立法，之后几经修改，除实施范围上大小略有不同外，对于退休年龄的规定，基本上没有变动。

1978 年 6 月 2 日，全国人大常委会通过并颁发了《国务院关于安置老弱病残干部的暂行办法》和《国务院关于工人退休退职的暂行办法》，将干部退休制度同工人退休制度分开，适用不同的办法。

按照规定，党政机关、群众团体、企业、事业单位的干部，符合下列条件之一的，都可以退休：（一）男年满 60 周岁，女年满 55 周岁，参加革命工作年限满 10 年的；（二）男年满 50 周岁，女年满 45 周岁，参加革命工作年限满 10 年，经过医院证明完全丧失工作能力的。

全民所有制企业、事业单位和党政机关、群众团体的工人，符合下列条件之一的，应该退休：（一）男年满 60 周岁，女年满 50 周岁，连续工龄满 10 年的。（二）从事井下、高空、高温、特别繁重体力劳动或者其他有害身体健康的工作，男年满 55 周岁、女年满 45 周岁，连续工龄满 10 年的。（三）男年满 50 周岁，女年满 45 周岁，连续工龄满 10 年，医院证明，并经劳动鉴定委员会确认，完全丧失劳动能力的。

20 世纪 90 年代，随着经济体制改革的深入进行，一大批国有企业进行重组和改制，出现了大量富余劳动力。为妥善安置这些职工，在一些企业内部出现了"提前退休"，即内退的现象。

1993 年 4 月 20 日，国务院发布《国有企业富余职工安置规定》，对内退行为进行规范。根据该规定，职工距退休年龄不到 5 年的，经本人申请，企业领导批准，可以退出工作岗位休养。职工退出工作岗位休养期间，由企业发给生活费。职工退出工作岗位休养期间达到国家规定的退休年龄时，按照规定办理退休手续。

内退实际上是"内部退养"的意思，内退期间，劳动者和用人单位仍然保持劳动关系，因此并不是法律意义上的退休，属于用人单位的内部行为。这种做法会打乱国家正常的退休秩序，是变相的"提前退休"，所以不应该鼓励和推广。

我国退休年龄制度的最大特点，就是强制退休，一旦劳动者达到法定退休年龄，就必须退出劳动，办理退休手续。

四、我国退休年龄制度存在的主要问题

(一)情势变迁，原有的立法依据已经发生改变

据统计，我国在 20 世纪 50 年代制定退休年龄制度时，人口的平均预期寿命，男性只有 40 岁，女性只有 42.3 岁。而根据 2010 年全国第六次人口普查的公布数据，我国人口平均寿命已经达到 74.83 岁，其中男性人口平均寿命为 72.38 岁，女性为 77.37 岁。

这个数据，不仅比 1950 年的数据，增高近乎一倍，而且也高于世界人口平均预期寿命 69.6 岁的水平。

人均寿命的延长，意味着劳动者应该相应付出更多的时间去工作，如果仍然维持原有的退休年龄，无疑是对人力资源的巨大浪费，是国家和社会的损失。因此，必须修改现行立法，以现行的数据为依据，做出相应的调整，推迟或者提高法定退休年龄。

(二)法定退休年龄过低，弊端越来越明显

目前，世界上所有国家的法定退休年龄，除了非洲的一些国家之外，大多数是 60 岁以上，在 65 岁至 67 岁之间。

而我国当前关于退休年龄的规定，仍然适用 1951 年的《劳动保险条例》和 1955 年的《关于国家机关工作人员退休暂行办法》的标准，即男 60 岁，女干部 55 岁，女工人 50 岁，平均下来退休年龄不到 55 岁，是世界上退休年龄最早的国家之一。随着我国经济和社会的快速发展，退休年龄低的弊端越来越明显。

首先，退休年龄低，与延长的受教育时间不吻合。

中华人民共和国成立初期，我国人口受教育程度很低，大多数人十四五岁就参加工作，如果到55岁退休，实际工作年限也可以达到40年工龄。但是改革开放以后，我国人口的受教育程度普遍提高，即使按照1986年《九年义务教育法》的规定，初中毕业参加工作，也是16周岁。更何况，随着1999年我国高校的全面扩招开始，大学生（包括研究生、博士生）的数量都在逐年增加。

以大学毕业为例，参加工作时基本上已经22岁左右，如果55岁退休，实际工作年限只有33年；如果是研究生毕业，去掉3年，实际工作年限仅有30年，博士的工作年限就更短。

因此，如果维持原来的退休年龄规定，就意味着受教育程度越高，实际工作年限越短，这和国家发展教育事业的初衷是想违背的，是对人才的巨大浪费，也是对国家投入的巨大教育资金的浪费，不利于国家的建设和发展。

其次，退休年龄低，使得就业人口与退休人口"倒挂"严重。

1964年第二次全国人口调查的数据显示，年龄在61岁及以上的人口占总人口的5.5%，而2008年的人口普查数据显示，年龄在60岁及以上的人口占总人口比例也达到了9.54%，65岁及以上的人口占总人口的14.01%。① 此外，未来几年人口老龄化水平将继续加剧，预计中国将在2030年左右进入人口老龄化时期，届时人口老龄化将达到24.5%。② 全国老龄工作委员会办公室公布的数字还显示，到2020年，老年人口将达到2.48亿人，老龄化水平将达到17.17%。

人口老龄化，使得老龄人口的数量越来越多。如果这部分人过早地退休，那么就业人口数量就会相应越来越少，从而出现较少的就业人口供养较多的退休老年人口的现象，不仅会影响经济和社会的可持续发

---

① 李珍. 关于中国退休年龄的实证分析[J]. 中国社会保险，1998(04).

② 项怀诚. 养老储备基金管理[M]. 北京：中国财政经济出版社，2005：223.

展，并且会对养老保险基金造成极大的压力。严重的，甚至会导致养老保险基金入不敷出，直至破产的边缘。

(三)退休年龄标准单一，"一刀切"的做法有失公允

我国退休年龄的规定，不分职业、工种、劳动强度、健康状况等因素，全国所有行业、所有地区，简单地规定一个标准。这种"一刀切"的做法，看似平等，但实际上简单粗暴，有违公平公正原则。

就我国的实践来说，学历低的劳动者一般参加工作较早，工作时间较长，但大多从事体力劳动，身体消耗较大，因此多希望早点退休；而学历高的劳动者，如硕士博士，参加工作的时间比较晚，所从事的职业需要较长时间的积累，如医生、律师、教师等，一般是年纪越大，经验越丰富，因此多希望迟点退休，以便更好地为社会服务。

我国现行退休年龄制度是无论职业，无论学历，无论工作年限，统一按规定年龄标准退休。这种"一刀切"的做法，虽然操作简便，便于管理，但缺乏弹性，无法满足不同人群的退休需求，难免有失公平，而且还会造成大量专业技术人才的流失和浪费，不利于用人单位和社会的长远发展。

比如说，俄罗斯法律规定，特殊人群可提前退休，包括有5个或5个以上孩子的母亲、高危行业职工、居住在北极圈附近的居民等。

英国也规定，某些用人单位可以强制从事特殊行业的员工，达到一定年龄后必须退休，不许推迟退休，比如空中交通指挥员和警务人员等。

这些规定，不仅体现了国家政策的灵活性，也体现了法律个体的差异性和细致性，表现出国家对弱势群体的关怀和照顾，因此更得民心，更有利于实施和执行。

相反，我国关于女干部、女工人身份的划分，遗留有强烈的等级色彩，以此为标准，区别进行对待，显然不符合社会主义市场经济规律的发展要求，应该取消。况且，随着科技水平的不断提高，工作环境得以

改善，现代化工业设备广泛应用，对产业工人的劳动消耗已经大大降低。如果要求她们过早退出劳动力市场，不仅不是一种保护，而且同样还是对有经验的女性工人的浪费。

(四)男女退休年龄不同，相差较大

我国关于退休年龄的规定中，女干部 55 岁退休，与男职工差距为 5 年，女工人 50 岁退休，男女之间的差距为 10 年。① 这种规定，表面上似乎考虑了男女有别，区别对待，但实际上涉嫌就业歧视。

2005 年 8 月，中国建设银行股份有限公司平顶山分行的退休职工周香华，以原单位涉嫌违反了《宪法》第 48 条确立的男女平等原则，损害了本人作为妇女所享有的在经济领域内同男子平等的宪法基本权利和平等参加及退出工作，即退休的权利，已经构成对妇女的歧视为由，向法院提起诉讼。

虽然最后法院以没有宪法审查权为由，对原告的诉讼请求不予支持。但是，本案是我国第一起由于男女不同龄退休而引发的诉讼，在当时引起了极大的社会反响，并也引发了关于男女不同龄退休问题的大讨论，对于推动退休年龄制度改革具有重要的实践意义。

笔者认为，当今社会，倡导男女平等，女性同男性一样，可以获得受教育的机会，职业女性无论从学习能力上还是工作能力上，都同男性一样优秀，况且女性的平均预期寿命比男性还高，因此，正常情况下，要求女性提早于男性退休的做法，无论如何都是有偏见的，是极不合理的。

根据联合国对 166 个国家的退休年龄统计，有 62% 的国家和地区都采用相同的退休年龄。即使在男女退休年龄不同的国家中，我国男女之间退休年龄的 10 年差距，也居首位。

---

① 杨华．司法实务中退休权诉求之考察——来自诉讼档案的研究[J]．北方法学，2018(05)．

男女退休年龄之间的差距，最直接的后果，就是女性的工作时间被人为拉短，这不仅无益于女性，特别是受过良好教育女性的职业发展，而且在一定程度上降低了女性对教育进行投资的热情。

(五) 提前退休现象严重

提前退休的愿望，本就是人性的自然反应，是世界上所有国家面临的普遍问题，但是，我国在退休年龄很低的情况下，仍然存在着大量提前退休的现象，严重扰乱了正常的退休秩序。

我国法律规定，党政机关、群众团体、企业、事业单位的干部，男年满50周岁，女年满45周岁，参加革命工作年限满10年，经过医院证明完全丧失工作能力的，可以提前退休；全民所有制企业、事业单位和党政机关、群众团体的工人，男年满50周岁，女年满45周岁，连续工龄满10年，医院证明，并经劳动鉴定委员会确认，完全丧失劳动能力的，也可以提前退休。

这里的提前退休，都是指因为患病等原因，完全丧失劳动能力的情况，即通常所说的病退。只有经过医院证明，才是合情合法的。

但是，实践中却出现了大量用人单位的"内部提前退休"，即内退现象。比如说，一些机关事业单位，包括一些国企，鼓励提前离岗、提前退休，提前离岗人员可以在工资级别和待遇上提升一个级别，比如科级干部选择提前退休，可调整为处级干部并享受相应待遇，① 导致相关人员退休后的收入比在岗时还有所增加的怪现象，引起群众的强烈不满。

有媒体曾经报道，在湖南一些地方，有一些年龄并不算大的"局办委"或乡镇"一把手"、重要班子成员向上级打报告，要求按照地方"公务员50岁(或50多岁)以上可退居二线、享受比在职时更高待遇"的政

---

① 马媛. 干部提前退休乱象必须严格清理[N]. 北京青年报，2011-04-06.

策，自请"早退"，成为"拿着高工资却不用干活"的"逍遥人员"①。

机关事业单位的干部，热衷于违规提前退休，本质上是慷国家财政之慨，是对其他劳动者不公平的待遇，这种乱象必须加以严格清理和制止。

此外，一些效益不好的企业，"内退"或提前退休的比例也较高，但是，与前面不同的是，这些企业职工大多属于被"提前退休"，之后只能得到很少的基本工资，或者是象征性给一点生活费，对他们来说，"提前退休"几乎等于另谋生路，所以，政府主管部门也不能听之任之，而应该加强监管，并且帮助企业拿出更好的解决办法。

最后，变相的提前退休，会导致大量熟练劳动力过早离开工作岗位，加剧由于人口出生率不足所带来的劳动力供给不足的问题，长远来看，是非常不可取的做法，可谓有百害而无一利。

五、我国退休年龄制度改革的必要性

一直以来，对于退休年龄制度改革，推迟退休年龄的提议，在实践中都存在着大批反对的意见。反对的理由，主要是担心延迟退休年龄，会挤占就业岗位，加剧就业的紧张形势，使年轻人无法获得好的就业机会。但是，笔者认为，影响就业的因素很多，最重要的还是国家的经济发展形势。如果说，国家经济形势大好，企业开工充足，对劳动力的需求自然会增加，就业机会就多，反之亦然。因此，要真正解决就业的问题，应当首先要发展好经济，而不是依靠退休劳动者去"腾位置"。

笔者认为，我国现行的退休年龄制度，已经完全背离了我国当前的国情，对经济、社会的发展，形成了阻碍，是时候进行变革了。

---

① 马媛.干部提前退休乱象必须严格清理[N].北京青年报，2011-04-06.

（一）退休年龄制度改革是应对人口老龄化的必然要求

世界上关于进入老龄化社会的标志有两项判断标准：一是国家或地区 65 岁及以上人口达到总数的 7%；二是 60 岁及以上人口达到人口总数的 10%。而在 2017 年，我国 65 周岁及以上人口和 60 周岁及以上人口均远远超出了国际老龄化水平标准，分别为 11.4% 和 17.3%，证明我国已经进入老龄化社会。由于我国坚持计划生育的基本国策，人口出生率呈下降趋势，因此，老年人在总人口中的比例正在增加。而我国适龄劳动人口比重将会越来越小。为了应对劳动力不足的问题、减轻人口老龄化带来的负面影响，对现有退休年龄制度进行改革、适当延长退休年龄就显得十分必要。

（二）退休年龄制度改革有利于缓解养老金的支付不足

根据国务院相关报导，到 2035 年，我国一名退休人员的养老金将由两名在职人员负担。我们可以这样思考，如果退休年龄往后推迟一年，那么那些本应领取养老金的人不仅拿不到当年的养老金，而且还要继续支付。有专家利用这一思路进行测算，得出的结论是，通过这一途径可以使我国养老基金每年减少支出 160 亿元，增加储蓄 40 亿元，减少约 200 亿元的养老金赤字。由此可见，退休年龄的设定会直接对养老保险基金的平衡和养老保险制度的稳定运行产生影响，而延迟退休年龄可以减少受领时间增加缴费年限，即减少支出增加缴费，缓解养老保险基金的压力。①

（三）退休年龄制度改革有利于减少人力资源的浪费

在 20 世纪 50 年代初期，我国男性人均平均寿命为 60 岁，女性为

---

① 马昂．我国城镇企业职工延迟退休年龄的弹性化方案设计研究——基于养老保险金收支平衡视角［D］．上海：华东师范大学，2015.

42.3 岁,这是当时制定退休年龄政策的背景之一。到 2010 年时,我国男性人均寿命为 72.38 岁,女性为 77.37 岁。在人口预期寿命大幅度提高的情况下,如果不对退休年龄进行适当地调整,是不合理的。且自改革开放以来,我国十分重视教育水平的提升,全国院校招生的数量也不断上升,使得越来越多的人有机会能够踏入大学的校门。拥有本科及以上学历的人口越来越多,意味着人均受教育年限增长,参加工作的年龄相应提高,工作周期相对有所缩短,如果不延迟退休年龄,必然会造成人力资源的浪费。如果进一步从人才质量上分析,学历越高,正常情况下,其参加工作的年龄也就越高,而退休年龄如果维持不变,那么意味着其工作年限缩短,也就是在教育方面投入的时间成本和财力成本有所增加,但是能够让其创造价值的时间相对减少,产生人才资源的浪费。为了解决这一矛盾,应当考虑实施弹性退休年龄制度,让部分"越老越吃香"的行业的劳动者能够拥有继续发挥价值的机会。

(四)退休年龄制度改革有利于减轻社会赡养负担

根据社科院发布的相关信息,从 2011 年到 2012 年,我国赡养率从 31.65% 上升到 32.4%。也就是说是三个缴费的工作人中,就有一名退休人员,即两人供养一个老人,足以说明在职人员赡养率的负担非常大。

根据中国劳动课题组的研究数据,2000 年时我国城镇职工的赡养率为 19.91%,意味着一位退休人员由 5 个在职职工负担。到 2050 年时,我国城镇职工的赡养率将升至 46.40%,这就意味着一位退休的人员由两个在职的工作人员负担;同时,如果女性的退休年龄在 55 岁的基础上后延 10 岁,那么赡养率下降 39.1%;若男性退休年龄从 60 岁提高到 65 岁,可以减少城镇职工的赡养率 12.5%。通过数据对比,我们可以发现,适当推迟退休年龄有利于缓解赡养率不断上升的严峻态势,减少给社会赡养所带来的沉重负担。

六、我国退休年龄制度改革的探讨和实践

(一) 我国退休年龄制度改革的方向

鉴于我国退休年龄制度的诸多问题,特别是退休年龄过低的问题,在参考和借鉴国外退休年龄制度先进经验的基础上,笔者认为,对于我国退休年龄制度的改革,可以从以下两个方面入手:

第一,延迟退休年龄是必然趋势。

人类寿命的延长,导致养老保险基金的支付越来越多,而人口出生率的下降,导致劳动力不足,又使得养老保险基金的征缴越来越少。这一对矛盾,随着社会经济的发展和进步,会变得越来越尖锐。

如何破解?唯一可行的办法就是一方面鼓励生育,一方面延迟退休。因此,西方很多国家在退休年龄已经很高的情况下,仍然在不断尝试着推迟退休年龄。

2019 年,新加坡政府宣布,将在未来 10 年内,将国民退休年龄和重新雇佣年龄分别延长 3 年:到 2030 年,法定退休年龄从现在的 62 岁,延长到 65 岁;重新雇佣年龄从现在的 67 岁,延长到 70 岁。日本政府也表示,正在考虑将雇员退休年龄从 65 岁提高到 70 岁,并计划 2020 年向国会提交相关修正。

又如英国,计划在 2020 年将妇女退休年龄提高到 65 岁,到 2024 年领取退休金的年龄均提升至 66 岁,2034 年提升至 67 岁,2044 年提升至 68 岁。欧洲委员会甚至宣布,到 2060 年,他们建议的退休年龄将延长至 70 岁。

再如法国,2010 年,萨科齐总统执政期间,签署了一项关于退休制度的改革法案,将退休年龄从 60 岁提高到 62 岁,将可领取全额养老金的年龄从 65 岁提高到 67 岁。虽然这一举措引发全国性的抗议风潮,但是,政府态度十分坚决,退休制度改革势在必行。

2019 年 7 月 14 日，法国退休改革委员会又推出了备受瞩目的退休改革报告。该报告宣布，法定退休年龄仍然维持在 62 岁，但政府将确立 64 岁的基准退休年龄，并以此为基础，或于 2025 年推行"加分-减分"机制，以鼓励国民推迟退休。①

第二，弹性退休年龄是最好选择。

欧美几乎所有的国家，在退休年龄上，都做了弹性的安排。

所谓弹性退休年龄，就是规定一个退休年龄的区间。在此区间内，选取一个中间点作为法定退休年龄，然后以法定退休年龄为界限，可以提前退休，也可以推后退休。弹性退休年龄一般都与养老保险金相配合使用。在法定退休年龄之前退休的，养老金打折领取；在法定退休年龄之后退休的，养老金相应增加。

弹性退休年龄不仅考虑了劳动者的个人意愿，允许劳动者根据本人的身体、经济、家庭等不同情况，做出自己的选择，而且通过增加养老金、减免个人所得税等奖励措施，鼓励劳动者在力所能及的范围内，延长工作年限，以满足国家对劳动力的需求，解决因为人口下降带来的劳动力不足问题，可谓是互惠互利，一举两得的好办法。

相比较于西方国家，我国的劳动力情况更加复杂，在发展方面，退休年龄制度面临着以下挑战：

1. 人口迅速老龄化

据统计，1953 年，中国 65 岁以上人口的比例仅为 4.4%，2010 年，中国 65 岁以上人口的比例为 8.87%，到 2030 年，老年人的数量将增加 1 倍。中国的老年人口不仅庞大，而且人口老化速度很快。根据美国人口普查局的统计和预测，法国 65 岁及以上人口从 7% 增长到 14% 所需的时间为 115 年，瑞典为 85 年，美国为 66 年，英国为 45 年，而中国

---

① 张晓秋. 法国人退休年龄将延长 改革近期公布[N]. 欧洲时报，2019-7-3.

仅需 25 年。①

2. 人口红利即将消失

改革开放后，我国快速增长的劳动力供给以及长期低廉的劳动力成本，有效地促进了经济发展。但同时，受计划生育政策影响，我国的人口出生率也一直在下降。近年来，劳动年龄人口的数量和比例不断呈下降趋势，② 劳动力的供求关系很快会发生根本性逆转，导致供不应求。

因此，为有效解决以上因素对我国劳动力市场以及养老保险事业造成的巨大冲击，笔者认为，必须对现有的制度，进行大刀阔斧的改革。而推迟退休年龄，取消强制性退休，采用机动灵活的弹性退休年龄制度，无疑是我国退休年龄制度改革的方向和最好的选择。

(二) 我国退休年龄制度改革的实践情况

从 20 世纪 90 年代末开始，我国就已经开始了推迟退休年龄的理论研究和探讨。

2000 年，劳动与社会保障部社会保险研究所提交《中国养老保险基金测算与管理》的报告。报告中建议，国家应尽快确定退休年龄推迟方案。第一步，用 5 年时间清理和取消提前退休的工种；第二步，用 5 年时间取消女工人、女干部之间的退休年龄差别，女职工一律 55 周岁退休；第三步，用 10 年时间初步将全体职工的退休年龄推迟到 65 周岁。

2013 年，党的十八届三中全会通过《全面深化改革若干重大问题的决定》，提出要"研究制定渐进式延迟退休年龄政策"，此后关于延迟退休的争议，持续引发社会关注。

2014 年，中科院出版《全面深化改革二十论》的报告。该报告建议，

---

① 李红岚、武玉宁. 提前退休问题研究[J]. 经济理论与经济管理，2000
(02).

② 龙玉其. 对我国退休制度改革的反思与前瞻[J]. 理论导刊，2013(03).

改革退休年龄前应该实现养老保险制度的并轨。具体的安排分两步走：2015—2017年实现机关事业单位人员退休金制度和城镇职工基本养老保险制度的并轨；2018年开始延迟退休年龄。

该报告第一次提到了弹性退休的理念。报告称，为了尊重劳动者对退休年龄的选择权并减少改革的阻力，建议我国进行退休年龄改革后也引入弹性机制，以法定退休年龄为基准，规定可提前5年退休，但养老金将比照法定退休标准有所下降，也可以高于法定退休年龄退休，养老金标准可适当提高。

2015年3月，人力资源与社会保障部部长尹蔚民在全国两会接受记者采访时，明确表态，争取2015年完成延迟退休年龄方案制定，2016年报经中央同意后征求社会意见，2017年正式推出方案，推出至少5年后才会实施。

但是，延迟退休年龄是一项重大的社会决策变革，涉及每一位劳动者的切身利益，在我国当前就业形势依然复杂，就业压力依然较大的情形下，对延迟退休年龄，不同行业、不同群体存在着极大的争议，实践中反对的声音从来没有停止。因此，政府十分谨慎。

2017年7月，人力资源与社会保障部公布《人力资源和社会保障事业发展"十三五"规划纲要》，提出在"十三五"期间（即2016—2020年），制定出台渐进式延迟退休年龄方案。按照该要求，那么2020年应当是最后的期限。

2020年1月，人力资源与社会保障部部长尹蔚民在《人民日报》发表署名文章时称：要针对人口老龄化加速发展的趋势，适时研究出台渐进式延迟退休年龄等应对措施。但这个所谓的适时，到底是什么时间，不得而知。

据网上流传的消息，最新的方案是，从2022年开始，女性退休年龄每3年延迟1岁，男性退休年龄每6年延迟1岁，至2045年，男性、女性退休年龄同步达到65岁。

七、我国退休年龄制度改革的设计和建议

(一)改革应遵循的基本原则

由于退休年龄政策的调整,不仅关系到养老保险制度的可持续发展,而且直接对劳动就业、人口政策等产生影响,所以应当遵循以下原则:

第一,以人为本。要充分考虑不同社会群体的实际情况,不同的需求和利益,重视社会各界特别是企业劳动者的意见和要求,研究制定更加合适的政策措施,依法保护全体劳动者的合法权益。

第二,制定总体计划。要综合考虑各种因素,包括劳动力供求比率、受教育程度、预期平均寿命、保险基金的收支平衡等,并协调和管理各种关系,包括与就业的关系等,精算、分析、确定延长退休年龄的适当目标,制定出总体方案,以便进行宏观管理。

第三,具有弹性。不建议制定与延迟退休有关的政策,有必要研究和制定某些特殊群体的状况(例如灵活的雇员,长期失业,特殊工作类型的工人,雇主雇用的残疾人和低寿的人等)制定比较妥善、弹性的处理措施。

第四,稳步推进。由于提高法定退休年龄涉及广大劳动者的切身利益,因此,在实施过程中,要谨慎部署,分步骤、有计划地加以落实,不能急于求成,不搞一步到位。可以先试点,以便发现问题,及时进行调整完善,等到时机成熟,再经过立法或修改法律,在全国实施。

(二)改革方案的设计及其建议

1. 渐进式推迟退休年龄

所谓渐进式,就是指分期、逐步提高退休年龄,用一种相对缓和与

适度的方式，使退休年龄小幅度、分阶段地推迟。

如德国，为解决人口老龄化问题，德国政府决定从 2012 年 1 月 1 日起，用 12 年的时间把退休年龄延长一年，一年延长一个月；然后再用 6 年的时间把退休年龄延长一年，一年延长两个月，到 2030 年把退休年龄延长到 67 岁。

人力资源与社会保障部社会保障研究所相关负责人曾经表示，在有关政策制定并公布之后，为了使广大民众能够便于接受政策的变化，尤其是避免即将要退休的这部分人员的利益受到严重影响，应该设立一个时间为 5 年左右的过渡期。等到过渡期完成平稳过渡的任务之后，再采取分阶段的方式，每年延长退休年龄不超过半年，多花一两年的时间才能延长一岁，这样慢慢地使退休年龄逐步延长，而不是"一步到位"。

因此，实行渐进式延迟退休，必须先做好三件事：

一是准确掌握好政策调整的时机，要与我国人口出生率、劳动力供求关系等的变化相契合。

二是要明确一个过渡期。按照媒体公布的官方消息，2020 年底公布退休年龄改革的方案，2022 年开始实施。笔者认为，从时间上来说，过于仓促和草率。且不说，相关配套政策是否到位，仅从劳动者的心理上，就难以接受。所以，笔者认为，如果 2020 年底，改革方案出台，2022 年可以先在个别地区进行试点，根据试点的结果进行调整，2025 年开始在全国实施。

三是将政策提前向社会进行告知，增加民众对政策实施的可接受程度。同时，要大力进行正确的政策宣传，注重舆论引导作用的有效发挥，争取得到公众的理解和支持，为依法调整退休年龄政策创造一个有利的社会舆论环境，来保证社会正常有序地继续运转。

我们可以学习借鉴美国的做法。美国政府为了推行退休年龄改革，在政策执行的初期，通过媒体密集地进行舆论宣传和引导，并且邀请专家和官方人员进行正确的解释和答疑，以此放松公众在媒体上的感受并留出心理缓冲期，以最大限度地减少公众对新政策的误解和对抗，让公

众从心理上接受改革的现实,为从行动上配合改革的实施,铺平了
道路。

2. 实行弹性退休机制

虽然延迟退休年龄乃大势所趋,但是经过 20 多年市场经济的冲击,
我国的社会结构已经不再像计划经济时代那么简单。按陆学艺教授著作
中的分析,我国社会已经分成了十大阶层。十大阶层都有自己的职业身
份、经济利益和社会地位,① 他们的想法是不一致的,有时候甚至还是
互相矛盾和冲突的,政府部门应尽量做到,在延迟退休出台的同时,制
定相应的配套政策措施,对不同人群区别对待。因此,采取弹性退休年
龄制度,允许劳动者在退休年龄、退休方式和退休收入等方面,具有较
为灵活的多样性的选择,是最好的办法。

弹性退休制度的设计可考虑在劳动者达到法定退休年龄之前或之
后,根据一定百分比来确定浮动范围,以减少或增加退休收入。对于已
经达到法定退休年龄的老年劳动者,如果他们愿意继续在其原来的职位
上工作,他们必须获得某些物质和精神上的奖励;相反,对于未达到法
定退休年龄的劳动者也可以提前退休,但是必须相应的减少养老金
收入。

弹性退休年龄的基本目的是允许劳动者在一个时间范围内,根据各
个方面的因素,选择自己合适的退休方法。应当指出,灵活性不是一种
宽松、休闲和不受限制的自愿退休行为,它是在法定政策范围内进行的
定期调整,以便更好地反映不同类别的人员、不同的条件收入等方面的
差异。

正在进行退休制度改革的世界上所有国家,都引入了灵活的弹性退
休机制来推迟退休。如前面我们介绍的美国弹性退休制度。

美国规定的弹性退休年龄在 62 岁至 70 岁之间,其中 66 岁是法定

---

① 阿铮. 何时退休,不能再搞"一刀切"[N]. 南方报业集团,2006-11-24.

退休年龄，可以领取全额养老金；高于 62 岁，不到 66 岁，也可以退休，但是养老金会相应减少；年满 66 岁的劳动者，不强制退休，如果劳动者愿意继续工作的，养老金相应提高，最晚工作至 70 岁。

弹性退休年龄往往会和养老金的多少，捆绑在一起，同时结合职业特点、所属行业、工龄长短、缴费年限、居住期限等因素，综合进行判断。

例如，在法国，达到法定退休年龄且工作满 40 年的，才可以领取全额养老金；在希腊，达到 65 岁法定退休年龄，并且缴费满 30 年的，即可以自愿退休，领取全额养老金；日本的法定退休年龄是 60 岁，缴满 25 年养老保险就可以退休；挪威法律规定，法定退休年龄是 62 岁，所有老年人年满 67 岁都可以领取全额养老金，但是要求 16 岁以后必须在挪威居住满 40 年如果居住不满 40 年的，则按一定比例相应减少养老金。同时，挪威法律还要求，所有种类的养老金都不能用于国外支付，一旦移居国外，就丧失领取养老金的资格。

我国目前关于弹性退休年龄制度的方案还没有出台，网上似乎也没有流露出任何信息。考虑到我国的实际情况，笔者有以下几个建议：

首先，适当扩大弹性退休年龄的区间，在 60～70 岁，其中 65 岁为法定退休年龄，男女同岁。

其次，必须提高养老保险的缴费年限。目前，我国法律规定的领取基本养老金的条件，是必须连续缴费满 15 年。相较于外国的规定，这个时间太短，完全无法覆盖其本人的养老金支出，给养老保险基金造成巨大的负担。因此，应该修改。

笔者认为，按一般劳动者大学毕业参加工作 22 岁推算，至法定退休年龄 65 岁，中间有 33 年的跨度。平均下来，缴费年限提高至 30 年，较为合适。

再次，对体力劳动者和脑力劳动者区别对待。

第一，允许一线体力劳动者在法定退休年龄之前退休，除从事矿山、井下、高温、有毒有害、长途运输等重体力劳动的劳动者，可以拿到全额养老金外，其他体力劳动者按照退休年龄，养老金相应打折，最高 80% 的标准。

第二，对于脑力劳动者，特别是高级专业技术人员、高级管理人员等，进行限制。除特殊情况，如患病等原因，原则上不得提前退休，必须工作至法定退休年龄，才可以办理退休手续，领取养老金。同时鼓励在法定退休年龄之后，推迟退休，最高可以工作至 70 岁退休，养老金相应增加。

3. 实现男女平等，同龄退休

在我国，要实现男女同龄退休，首先必须打破干部和工人之间身份上的界限。干部和工人的身份划分，是计划经济体制的产物，在我国当前市场经济条件下，已经毫无意义，必须加以摒弃。所以，必须修改关于女干部 55 岁退休，女工人 50 岁退休的规定，明确所有女性劳动者一律 55 岁退休。这个工作，必须先于渐进式延迟退休年龄改革之前完成，可以把它当成改革的前提和基础，在延迟退休年龄改革方案的过渡期实施。

其次，对于男女同龄退休的具体年龄，笔者认为，可以参考国外的数据，但是必须切合我国经济发展以及人口政策、就业安排等的实际情况，确定一个合适的年龄。

国外大多数国家，法定退休年龄在 63～65 岁，最高的是意大利，法定退休年龄为 67 岁。目前，按照人力资源与社会保障部的预计方案，男女法定退休年龄，将会统一推迟到 65 岁。

4. 坚决杜绝违规提前退休

如前所述，违规提前退休现象主要集中在国家财政供养的机关事业单位以及一些国有企业内部，有些地方问题特别突出，个别地级市，出现了退休年龄 54 岁现象，提前退休的人员甚至占到当年退休人员的 30%。

在国家进行延迟退休改革的大背景下，这样的做法，无疑会刺激到要被"延退"的广大人群，削弱乃至透支公众对延迟退休的认同感，进而反噬延迟退休改革的效果。

因此，笔者认为，国家在进行延迟退休年龄制度改革的同时，也必须要坚决清理鼓励提前离岗多拿钱的"土政策"，严格杜绝公职人员等违规提前退休；劳动监察部门等则应严格执行提前退休的审批监管，加强违规筛查，机关单位改革精简下来的人，也不妨先内部消化，而不是一"退"了之。最重要的，要在薪酬体系和养老金并轨改革的框架下，改变退休前后待遇倒挂的现象，实现退休待遇与缴费基数年限的正向挂钩。①

5. 完善、填补养老保险漏洞

进行退休年龄制度改革，一个重要的原因，就是为了解决养老保险金的缺口问题。要实现这个目的，仅仅靠推迟退休年龄，是无法办到的，还必须进行相应的配套改革。

首先，关于养老保险并轨制改革。

2014年，中国社会科学院曾经提出过一个报告，称延迟退休年龄前应实现养老保险制度并轨。

由于历史的原因，我国机关事业单位至今仍然沿用的是单位退休养老制度。机关事业单位人员不参加养老保险，不用缴纳养老保险费，但退休后的养老金标准却远远高于缴费的企业退休人员。

全国人大财经委曾有一份调研报告，提到西部某省2014年全省机关事业单位职工退休费水平为月人均3227元，而企业职工的基本养老金水平则为月人均2065元，前者是后者的1.56倍。这样的比例在全国各地基本上是存在的。②

---

① 社论. 莫再让提前退休乱象削弱延退认同[N]. 新京报，2016-02-14.
② 养老金并轨改革不可能一蹴而就[N]. 新京报，2014-12-25.

养老制度的双轨运行、差别待遇，严重违反了社会的公平正义原则，让普通劳动者难以认同，连带着对推迟退休年龄的改革也充满了抵触。

有专家表示，养老制度改革的关键所在并不是退休年龄问题，不论多大年龄退休，养老制度改革首先要解决的都是公平问题，只有解决了公平问题，让人们相信延迟退休能有效改善退休待遇，才有可能吸引更多的人愿意考虑延迟退休，共同承担养老成本。①

现在全国机关事业单位人员有 3700 万人，如果他们都加入到养老保险体系中，每月足额缴纳养老金，每年养老金可增加数千亿元，这无疑是对养老保险基金的巨大填补，可以极大地缓解养老保险的支付压力。最重要的是，没有特权，平等待遇的养老保险制度，才能体现社会主义的优越性，才能激发所有劳动者参加医疗保险的积极性。

因此，笔者赞同社科院的观点，要推迟退休年龄，必须先完成养老保险并轨制改革，真正做到全民参保，实现应保尽保，使我国的养老保险能够更公平、更加具有可持续性。

其次，让养老金体系透明、可持续。

目前我国基本养老金制度中，本该属于个人所有的个人账户基金，被社会统筹账户借支，导致个人账号长期以来，空账运行，参保者权益受损，无法建立起个人缴费与待遇领取之间的激励机制，导致参保者普遍愿意早退休而不是延迟退休。因此，笔者认为，我国养老保险基金账户应该公开透明，养老保险基金账户的收支、使用、结余等情况，应当严格执行国家财务制度，一个季度公开一次，接受社会公众的检查和监督；对养老保险基金账户实行预警机制，建立动态的缴费费率调整机制，确保养老保险基金的支付平衡。

---

① 刘红 . 养老制度改革先要解决公平问题 [N] . 金融时报，2013-08-17.

第三章　医疗保险之个人账户改革

个人账户和统筹基金相结合的"统账结合"模式，是具有中国特色的基本医疗保险制度，个人账户在我国医疗保险制度转型、完善的过程中，发挥了平滑过渡的重要作用，是我国医疗保险制度逐步走向社会化过程中的一个特定历史缩影。① 但其缺乏互助共济功能、难以提供公平、充分的门诊保障、严重滥用等问题日益凸显，个人账户功能转化急需提上改革的议事日程。

一、中国特色的医疗保险个人账户模式

(一)我国医疗保险制度引入个人账户的背景

中华人民共和国成立以后，我国实行以公费医疗和劳动保障医疗为主的社会医疗制度。

1951 年 2 月，政务院颁布《中华人民共和国劳动保险条例》，标志着劳保医疗制度的确立。劳保医疗制度覆盖国营、公私合营、私营及合作社经营的工厂、矿场及其附属单位，后来扩大到铁路、航运、邮电、交通、建筑等行业。企业负担职工医疗费用，作为企业福利的一部分。

---

① 廖化. 医保个人账户改革的 4 个路径探讨[N]. 中国医疗保险，2019-02-15.

随后，为解决病假期间工人工资核发、子女医疗保障、退休人员医疗保障等问题上，国家基本采取同公费医疗制度类似的解决方案。

1952年6月，政务院发布《关于全国各级人民政府、党派、团体及所属事业单位的国家工作人员实行公费医疗预防的指示》，正式确立了公费医疗制度。文件中提出，由各地政府负责举办本地医疗事业，医药费由国家财政拨款和卫生机构统筹统支，免除干部费用。通过核定单位的编制人数来核定医药费，费用发放至各个医疗机构。适用范围为各级政府、党派、工青妇等团体，各种工作队以及文化、教育、卫生、经济建设等事业单位的国家工作人员和革命残废军人。

随后，国家各部委又相继出台了一系列相关配套文件，旨在确定公费医疗的人员范围、具体保障内容、病假期间工资发放标准、子女享受公费医疗的规定以及退休人员的保障待遇等，如1952年7月《卫生部关于公费医疗住院的规定》、1952年8月《财政卫生支出预算内容和计算标准》、1955年《关于国家机关工作人员子女医疗问题》、1955年《国务院国家机关工作人员病假期间生活待遇试行办法》、1956年《国务院人事局等国家机关工作人员退休后仍应享受公费医疗待遇的通知》等。

劳保医疗和公费医疗，本质上都属于"免费医疗"，其中，劳保医疗的资金由企业承担，企业管理；公费医疗由国家财政出资，成立公费医疗办公室负责管理。两项制度的医疗费用全额报销。

劳保、公费医疗制度是社会主义优越性的体现，完全解除了群众"看不起病"的顾虑，对保障职工身体健康、促进经济发展、维护社会稳定，发挥了不可否认的重要历史作用。

但是，劳保、公费医疗制度实行了40多年，快速增长的医疗费用，也给国家财政和企业带来了巨大的负担，远远超出了当时我国经济能力所能承受的范围。据统计，1978年，我国的国家财政收入仅有1132亿元，与近几年的国家财政收入相比，尚不足1%。[1]

---

① 数据来源于《中国统计年鉴2019》.

20 世纪 80 年代，我国开始社会主义市场经济改革，国家提倡将经济建设作为发展的中心，制定了"效率优先，兼顾公平"的经济改革原则。在此大背景下，医疗保险改革也走向削减公共福利，加强个人责任的方向。

在发展经济的过程中，我国经济政策受到新自由主义思想的影响，同时也受到了来自世界银行等国际组织的鼓吹和推动，考虑将智利的个人账户模式引入到我国的医疗保险制度中来。①

(二) 我国医疗保险制度引入个人账户的目的

我国医疗保险制度改革之初，是因为医疗费用上涨超出了政府财政的承受能力，因此学习和借鉴了国外的经验，实行社会统筹账户与个人账户相结合的管理模式，社会统筹账户中的资金全部由用人单位缴纳，主要用来覆盖参保人住院或者手术等医疗服务产生的大额医疗费用。个人账户中的资金既包括个人缴纳的全部保险费用，也包括用人单位缴纳的一部分费用，一般可以用来购买普通的药品或是支付门诊医疗费用。

总而言之，我国在医疗保险体系中引入个人账户的目的，概括起来主要表现在以下三个方面：

首先，个人账户中参保人个人缴纳的全部保险费用都是由职工个人支配使用的，利用这一点来调动职工参加医疗保险的积极性。

医疗保险个人账户是 1998 年医疗保障制度改革时期的产物，它是为顺利实现由劳保医疗和公费医疗向职工基本医疗保险的过渡而做的一种制度安排。在劳保医疗和公费医疗时期，职工或公务员报销医疗费用，需要向单位申请报销，面对一些普通感冒发烧等常见病，手续烦琐，报销效率较低。而实行医保个人账户后，个人账户资金归个人所有，在一定范围内，个人可以自主支配，省去了向单位申请报销的烦

---

① 华颖. 从医保个人账户兴衰看中国社会保障改革理性回归[J]. 学术研究，2020(04).

扰，这样的政策对职工是便利的，有一定的吸引力。另外，我国医保政策规定，个人账户包含全部个人缴费和30%左右的单位缴费。这样来看，职工个人实际上是收获了单位的部分资金支持，从某种意义上讲，参保职工在工资之外又获得了一部分"工资收入"。于是，提高了职工个人对参加职工医疗保险积极性，最终保证了我国基本医疗保障制度转换改革的平稳过渡。

个人账户制度从1998年一直延续到了现在，为我国医疗保障制度的改革和发展发挥了历史性的作用。

其次，在医疗保险中强调参保人的个人责任，约束其过度医疗消费行为。医疗保险改革之前，我国实行公费医疗和劳保医疗，能够享受上述医疗保障待遇的职工在发生疾病时，几乎所有的医疗费用由国家或单位承担，个人支付责任很少，这样容易造成病人自愿过度医疗，而医院方面为满足盈利的目的，往往同职工形成合作关系，过度诊疗现象普遍发生，医疗费用支出飞速上涨。而这种高额的医疗保障支出同我们处于并将长期处于社会主义初级阶段的国情不匹配，必须改革才能在有限的国家资源条件下实现更好更高效的医疗保障。通过医疗保险改革，个人必须要交费，个人账户也大部分是自己的钱，参保职工便会有节约意识，从而可以降低医疗需求方过度医疗的道德风险，达到节约医疗保障资金的目的。

第三，强调个人账户资金的纵向积累，预防未来老龄化带来的大病风险。医疗保险个人账户是做实了的个人账户，个人账户资金自动存储，定期自动结算利息。一般来讲，年轻时劳动者的身体健康，医疗需求少，医疗费用支出也少，这样年轻时可以自动存储一部分医疗保险个人账户资金。年老时身体容易被各类慢性病缠绕，有的甚至会有大病风险，医疗费用支出会增多，此时年轻时积累的个人账户资金即可发挥作用，从而降低费用支出压力，保护老年人的身体健康。

总之，参保人可以通过时间纵向上的积累，专门为未来年老多病时期积累一部分的医疗保险资金，从而化解一部分重大疾病风险。

在医疗保障体系中引入个人账户，其主要目的还是为了弥补在计划经济时代实行的公费医疗和劳保医疗造成的一些社会问题。

首先是个人账户对于职工个人的制约和激励作用，约束职工自身的医疗消费行为，避免产生不必要、不合理的消费。此外促使职工监督用人单位按时全额缴纳其应当缴纳的医疗保险费用。

其次是个人账户具有积累储蓄资金的作用，避免在职工进入老年之后，由于身体状况每况愈下导致医疗费用增加，形成较大的经济压力，导致退休职工不敢就医、拖延病情的现象。我国的医疗保障制度改革中建立个人账户这一有创新性的，具有中国特色的医疗保险制度，主要是为了约束参保人在计划经济时代形成的过度使用不必要的医疗服务的行为，此外也有助于参保人储蓄医疗资金，用以预防年龄增长带来的医疗支出的增长。而在医疗保障基金中划分一部分存入个人账户，让参加保险的人能够自由使用个人账户中储蓄的资金，那么个人账户的钱就等同于参加保险人的个人资产，在面对一些不必要的医疗诱导性消费时，参保人必然能够更加理性客观，这样也就达到了制约参保人医疗消费的目的。参保人个人账户中的资金经过经年的积累，通过职工个人和用人单位不断缴纳医疗保险费用进行储蓄，在职工步入老年之时，可以累计出数额可观的资金用来支付参保人在门诊就医或者在药店购买药品的医疗费用。此外，医疗保险中的社会统筹的部分基金，也可以通过分散风险的方式来加强社会对抗人口老龄化压力的能力。

(三) 设立医疗保险个人账户的理论依据

1. 福利经济学理论

福利经济学理论，又称帕累托最优理论，是福利经济学的重要理论成果。

"福利"从字面上讲，包含幸福和利益两层含义，幸福是一种满足，利益是一种好处的获取。它涵盖物质和精神两个方面，物质上同经济相关，可以用货币度量；精神上同社会分配关系、公平和效率等紧密相关，包括机会、正义、快乐、合作等内容。① 英国哲学家和经济学家边沁（Jeremy Bentham）认为福利即"最大多数人的最大幸福"。

福利视角也被应用到经济学研究领域，产生了福利经济学，根据产生的先后顺序分为旧福利经济学和新福利经济学。旧福利经济学发端于英国经济学家庇古（Arthur Cecil Pigou）的"公民收益权"思想，庇古也因此贡献被称为"福利经济学之父"。旧福利经济学理论包含基数效用与经济福利、增加国民收入与均等收入分配、社会资源最优配置等基本理论。后来，经过帕累托、卡尔多、阿马蒂亚·森等人的讨论、发展和完善，逐步形成了新福利经济学。新福利经济学支持"无差异曲线理论"，否认个人之间效用的比较性，认为效用是次序概念，只能用序数词或无差异曲线的高低比较福利满足程度的相对高低。

新福利经济学理论包含著名的"帕累托最优"理论，即假定固有的一群人和可分配的资源，从一种分配状态到另一种状态的变化中，在没有使任何人的情况变坏的前提下，使得至少一人变得更好，那么这种资源配置就是最优的。

政府通过税收增加财政收入，然后通过政府补助的形式转移给参保居民，一定程度上反映了国民收入再分配。覆盖范围内的居民共同缴费构成医疗保险金的一部分，用于支付医疗服务费，反映了健康的人帮助有病的人，减轻了公民的就医负担。医疗保险城乡统筹秉承"就高不就低、就宽不就窄"的原则，提高了农村居民的医疗待遇，城镇居民的医疗待遇也没有降低。②

---

① 郑丽琼，陈思明. 我国现行医疗保险个人账户的必要性及其完善[J]. 经济论坛，2007(01).

② 张迁. 济宁市居民基本医疗保险制度实施的问题与对策研究[D]. 长春：长春工业大学，2018.

2. 公平效率理论

公平是指在某种权利的享受权上全体公民一律平等，效率是指政策支持富有积极性，管理与服务实用有效。

汉语字典中，公平是指处理事情合情合理，不偏向任一方面，它注重责任与利益的均衡。现实生活中，我们口中所讲的公平更多的不是平均分配，而是强调按需分配，是一种需求得到满足的公平。例如对于某种服务的分配，针对不同人的不同需求量，政策允许供给不同数量的资源和服务，最终实现需求量和供给量的相等，这样才能保证人们都是满意的。虽然供给的量有所不同，但是人们都会认为政策是公平的。

在西方，美国著名的行为科学家斯塔西·亚当斯称公平理论为社会比较理论，他通过比较研究不同工资水平对员工公平性心理的影响，研究工资报酬合理性及公平性对员工生产积极性的影响。他的观点是：员工的积极性不但与其得到的实际工资报酬的多少有关，而且与员工是否认可报酬的分配是公平的存在更为紧密的关系。员工习惯将自己的劳动报酬同自己付出的成本作比较，一方面将本次的报酬同本次自己付出的时间、精力、机体损耗等投入进行比较，有时也会同他人作上述比较，只有相等时才会认可是公平的。并且，将本次的投入与回报同之前自己曾有的类似的投入和回报的比值作对比，有时也会同他人的曾有的类似的投入和回报的比值进行对比，等价或者基本相等时才会认可是公平的。人的公平感受具有很强的主观性和相对性。总之，公平是一种比较的结果，且这种比较既包含同自身的比较，也包含同他人的比较，既包含本次投入与收益对比，也包含本次投入与收益的比值同以往的某次行为投入与收益的比值的比较。在社会保障领域，公平是社会保障的基本原则，《社会保障（最低标准）公约》中关于社会保障政策的公平性规定了三方面的评价指标：社会风险覆盖率、应保人口覆盖率和待遇支付水平。

关于效率问题，在 1998 年全国由公费医疗、劳保医疗向职工医疗保险改革的初期，医疗保险个人账户政策在吸引企业和职工参保、职工医疗方面起到了历史性的积极作用，其通过强调医疗保险个人责任来约束过度医疗行为的制度设计也为全国医疗保障效率的提高做出了历史性的贡献。《社会保障(最低标准)公约》中关于社会保障绩效评价也规定了三方面的评价指标：资金供给的持续性、资金管理的效益性、待遇支付的保障性和激励性。

对于社会医疗保障体系而言，既要保障社会风险的分散相对平均，覆盖率广，也要保障医疗保险待遇和保险费用支付的平衡和公平。与此同时，社会医疗保障则是在实现医疗保险公平的基础之上，保障持续和有效的资金管理，提供有激励性和吸引力的医疗保险待遇。公平是社会保障的基本原则，引入效率原则才能实现更高层次的公平。①

3. 公共产品理论

在公共经济学中，公共产品是一个重要概念，它具有非可分割性、非竞争性、非排他性。非可分割性是指效用上的非可分割性，即它的受益范围包含全体社会成员。非竞争性重点是消费方面的非竞争性，即一个或一部分成员享受这些物品并不排斥其他成员也同时共享。非排他性是指受益方面的非排他性，即无法将拒绝付费的成员剔除到受益人群之外。

医疗保险个人账户是准公共产品，即具有非可分割性、非竞争性、有限的非排他性。医疗保险个人具有非可分割性是因为根据 2011 年出台的《社会保险法》规定，所有存在劳动关系的职工都应参加职工基本医疗保险，且个人缴费部分由单位代扣代缴，所有存在劳动关系的职工都应享受医疗保险个人账户，另外退休职工满足一定条件后无需再缴费即可享受医疗保险个人账户政策，即医疗保险个人账户政策向整个职工

①　贺红强. 瑞典医疗保障制度如何吸引世界目光[J]. 天津社会保险，2016 (03).

群体共同提供。医疗保险个人账户具有非竞争性是因为一个人或一部分人享受医疗保险个人账户，并不妨碍其他人享受医疗保险个人账户。医疗保险个人账户不具备严格的非排他性，而是具有有限的非排他性，这是因为如果在职职工或未办理退休的灵活就业人员不参加职工基本医疗保险，他就无法享受职工医疗保险个人账户，也就是说只要没有缴费，就可能会被剔除到医疗保险个人账户政策受益范围之外。

(四) 我国医疗保险个人账户模式的建立

伴随着我国的社会主义市场经济体制的建立和逐步完善，传统的公费医疗和劳保医疗，必然需要转变为新的更加适应社会要求的社会保障体制。

自20世纪80年代初开始，一些企业和地方就已经开始了自发地对传统职工医疗保障制度的改革探索，如医疗费用定额包干或仅对超支部分按一定比例报销，以及实行医疗费用支付与个人利益挂钩的办法等，这些改革实践的持续发展也为职工个人负担医疗费用奠定了一定的心理基础，呈现出一种由公费医疗制度向适度自费制度的过渡。

为了进一步解决医疗保障领域日益突出的问题，1984年4月28日，卫生部和财政部联合发出《关于进一步加强公费医疗管理的通知》，提出要积极慎重地改革公费医疗制度，开始了政府对传统公费医疗制度改革探索的新阶段。

首先介入医疗制度改革实践的是地方政府，主要做法是通过社会统筹这种方式对费用进行控制，例如河北石家庄地区自1985年11月起，先后在六个县、市开展离退休人员医疗费用社会统筹试点；1987年5月北京市东城区蔬菜公司首创"大病医疗统筹"，这对巨额医疗费用的棘手问题提供了一种比较容易操作的解决思路。

1988年3月25日，经国务院批准，成立了由卫生部牵头，国家体改委、劳动部、卫生部、财政部、医药管理总局等八个部门参与的医疗制度改革方案研究并对医疗改革试点进行指导。同年7月，该小组推出

《职工医疗保险制度设想(草案)》。1989 年，卫生部、财政部颁布了《关于公费医疗管理办法的通知》，在公费医疗开支范围内对具体的 13 种自费项目进行了说明。同年 3 月，国务院批准了《国家体改委 1989 年经济体制改革要点》，指出，在丹东、四平、黄石、株洲进行医疗保险制度改革试点，同时在深圳、海南进行社会保障制度综合改革试点。

在相关政策的指引下，吉林省四平市率先进行了医疗保险试点，重庆市璧山县也参照试点方案进行了改革的一些尝试。

1990 年 4 月，四平市公费医疗改革方案出台；

1991 年 11 月，海南省颁布了《海南省职工医疗保险暂行规定》，并于 1992 年起施行；

1991 年 9 月，深圳市成立医疗保险局，并于 1992 年 5 月颁布了《深圳市职工医疗保险暂行规定》及《职工医疗保险实施细则》。

1992 年，深圳率先开展了职工医疗保险制度改革，从而拉开了对我国医疗保障制度进行全局和根本性改革的序幕。

1993 年 11 月，党的十四届三中全会做出了关于建立社会主义市场经济体制的重大决定。明确了我国经济体制的主要框架，提出了全局性整体推进市场体系建设的一系列重大改革举措。同时，提出要建立多层次社会保障体系，职工养老、医疗保险实行社会统筹和个人账户相结合，建立统一的社会保障管理机构等改革任务。①

之所以提出这样一个职工医疗保险制度模式，除了在理论上提出了社会统筹的横向调剂与个人账户的纵向调剂有利于解决现实问题和长远问题相结合、体现公平和效率兼顾的原则外，在当时也有这三方面的现实考虑。②

---

① 郑丽琼，陈思明.我国现行医疗保险个人账户的必要性及其完善[J].经济论坛，2007(01).

② 中国城乡医保制度的前世今生：5 段跌宕起伏的坎坷路.透视保险变革. https://www.cn-healthcare.com/articlewm/20180731/wap-content-1030571.html.

一是要将单位化管理的公费、劳保医疗制度改革为社会化管理的医疗保险制度，既能够均衡不同单位的社会负担，又能够符合公平和效率相统一、权利和义务相对应的原则，社会医疗保险无疑是最佳选择。

二是当时经济体制改革的主流认识是打破"大锅饭"，医疗保障实行完全的社会统筹，可能形成新的"大锅饭"，为增强个人费用意识，控制浪费，新加坡等国的个人账户值得借鉴。

三是新建立的制度必须与当时经济发展水平相适应，当时无论是企业效益、政府财政和职工收入都不佳，为保证企业轻装上阵，顺利改革转型，医疗保险筹资水平不能高，只能保障最基本的大病需求，但同时又不能忽略计划经济时期国家对职工特别是退休人员的医疗保障待遇许诺，强行削减待遇可能引发社会不满，而个人账户可以化解医疗保险制度改革前后的心理落差，保证制度顺利转型，无疑是在两难困境中的最佳政治策略。

在计划经济时代，政府许诺退休人员享受公费医疗待遇，而其中的经费来源主要都依靠国有企业，在市场经济改革过程中，大量国企改制、企业效益也大不如前，大量企业职工的医疗费用、养老金开始得不到保障，影响社会稳定。所以，现实的压力迫使国家进行职工医疗保障制度改革。

1994 年，国家体改委、财政部、劳动部、卫生部共同制定了《关于职工医疗制度改革的试点意见》，经国务院批准，在江苏省镇江市、江西省九江市进行了试点，即著名的"两江试点"。该意见提出公费、劳保医疗改革同步，人人参加医疗保险，用人单位缴费不超过10%，个人缴费1%起步，个人账户和社会统筹相结合，基金支付方式是先结算个人账户，后按费用分段按比例支付医疗费用。自此，社会统筹和个人账户模式开始成为中国社会医疗保险制度的实施模式。

"两江医改"，是我国医疗保险制度改革道路上的关键一步，标志着我国的社会医疗制度进入了现代医疗保险时期，对于在之前已成痼疾的医疗浪费现象和公费医疗造成的财政困难情况也有很大的改善。

在试点改革的镇江市，引入"个人账户+社会统筹"模式之前，该市每年能产生的医疗费用以平均 33.4% 的增幅飞速上涨。而在医疗改革开始实行，引入个人账户之后，镇江市的医疗费用每年增长的速度都能够控制在 12% 上下浮动。

"两江医改"，在当时特殊的历史条件和社会背景下，极大地推动了我国医疗保险体制改革。

1996 年，为了进一步推进医疗保险改革，在"两江试点"的基础上，国务院办公厅转发了国家体改委、财政部、劳动部、卫生部四部委《关于职工医疗保障制度改革扩大试点的意见》，又选取 30 多个城市作为医疗保险改革的试点城市。

在各个试点城市进行的医疗保险改革模式略有区分，大致包括了三种不同的模型模式：

第一种模式是"三段通道"式，代表城市是九江市和镇江市。职工医疗费用分三段付费：一是账户段，先由个人医疗账户支付医疗费用；二是自付段，个人医疗账户用完后，由职工现金支付医疗费用的不足部分，自费部分有"封顶线"；三是共付段，由社会统筹基金和本人现金共同支付，随着费用额的递增，社会统筹基金给付比例递增，个人付费比例递减。这种模式的弊端在于社会统筹基金普遍透支，职工容易产生早点花光个人账户资金，就早点使用社会统筹基金的想法。

第二种模式是"板块结合"式，代表地区是海南省和深圳市。个人医疗账户主要支付门诊和小病医疗费用，统筹基金主要用于支付住院或大病医疗费用，若干不需要住院的慢性疾病可从统筹基金中支付一定比例的费用。这种模式虽然加强了对个人的制约作用，但是在界定"小病"和"大病"时，人们出现了分歧，而且这种模式也容易引起"小病大养"的现象。

第三种模式是"三金管理"式，代表城市是烟台市与青岛市。社会保险机构统一管理的社会统筹金用于保障重病和大病的基本医疗；由企业管理的企业调剂金用于职工个人负担的医疗费用过重的情形；归职工个人所有，暂由企业代管的个人账户资金用于一般医疗费用的支出。这种模式最大的弊端就是加重了企业对社会事务的参与和管理。

这些试点城市，为我们探索"统账结合"的医疗保险制度积累了宝贵的经验。截至1998年底，全国参加医疗保险社会统筹与个人账户相结合改革的职工达401.7万人，离退休人员107.6万人，该年的医疗保险基金收入达19.5亿元。到1999年被确定为试点地区的58个城市已全部开展了试点工作。

1998年12月，国务院召开全国医疗保险制度改革工作会议，发布《关于建立城镇职工基本医疗保险制度的决定》，明确了医疗保险制度改革的目标任务、基本原则和政策框架，要求1999年，在全国范围内建立覆盖全体城镇职工的基本医疗保险制度。

这一文件的发布，标志着城镇基本医疗保险制度的确立，我国城镇职工基本医疗保险制度的建立进入了全面发展阶段。

基本医疗保险制度，实行社会统筹基金账户与个人账户相结合的原则，将社会保险和储蓄保险两种模式有机地结合起来，实现了"横向"社会共济和"纵向"个人保障的有机结合，既有利于发挥社会统筹共济性的长处，也有利于发挥个人账户的激励作用和制约作用，比较符合我国的国情，容易为广大职工接受。这种医疗保险模式，符合中国国情，是具有中国特色的社会医疗保险制度。

到2001年底，全国97%的地市启动了基本医疗保险改革，参加基本医疗保险的职工达7629万人。

二、我国医疗保险个人账户的实施情况

我国基本医疗保险的全部资金可以分为两个部分，包括个人账户和社会统筹账户。其中，社会统筹账户为共同账户，个人账户则由参保人个人支配使用。

（一）医疗保险个人账户的划拨比例

基本医疗保险的费用由用人单位和个人共同承担缴费，用人单位承担7%，个人承担2%。个人缴费全部划入医疗保险个人账户，用人单位缴费的大部分划入医疗保险基金账户，小部分划入个人账户，具体标准在各个地方并不相同，目前实行的比较普遍模式是45岁以下从上述7个百分点中拿出一个百分点；45岁以上拿出1.5个百分点。

医疗保险个人账户划拨比例方面，对在职职工划入个人账户的资金占医疗保险总缴费资金的比例为：不足45岁的为33.3%，45岁以上的38.9%。对退休人员满足享受退休医疗保险个人账户待遇条件的退休职工，无需再缴费，按本人退休金的4.2%按月划拨个人账户。从具体实际资金的划拨情况来看，2016年的某个省会城市征缴城镇职工基本医疗保险费35亿元，划入个人账户额度为15.8亿元，占征缴总额的比例为45.2%。不难看出，每年这个城市近乎一半的职工医疗保险缴费资金都划入了医疗保险个人账户。从缴费角度分析，职工医疗保险单位的缴费比例为7%，个人的缴费比例为2%，个人缴费额占总征缴额的22.2%。以一名46岁参保职工为例，本人缴费2元，就能获得3.5元的个人账户，投入和产出比为1∶1.75。

（二）医疗保险个人账户资金使用及结余

对此问题，笔者以山东济宁市为例。

2001年1月1日，济宁市《城镇职工基本医疗保险暂行规定》开始实施。济宁市的职工医疗保险个人账户，理论上是只能由参保职工本人进行使用，仅仅能够用于支付由职工个人使用医疗服务而产生的门诊、住院医疗费用和其他应由本人自行负担的医疗费用。个人账户为职工本人所有，可以结转和继承，但是不能提现，不得透支，也不能挪作其他用途。职工本人工作调动，个人账户跟随本人转移职工调出本统筹区域的，可以将账户余额一次性结清转发给本人。

2016 年以前，济宁市大量使用充磁的医疗保险专用卡，简称医疗保险卡。因前期各县市区医疗保险卡的制作和发行相对独立，各县市区医疗保险定点医疗机构的 POS 机也只允许本县市区发行的医疗保险卡进行刷卡消费。于是，在济宁市的各县区之间医疗保险个人账户资金的流动性较差。例如，在城区存在市直、A 区、B 区三种医疗定点药店，有时持有市直医疗保险卡的参保职工进入 A 区医疗保险定点的药店购药，付款时就无法刷卡，最终只能使用现金付账或放弃购药。转院转诊到市区三甲医院的职工，有时也无法使用医疗保险个人账户支付其住院或门诊个人应承担的部分医疗费用。在 2016 年济宁市加强对医疗保险定点医疗机构的管理以前，各医疗保险定点药店管理不够严密，存在不少违规乱象，例如一些药店柜台上或门口显眼位置公开摆放生活用品，并允许持卡人刷卡购买生活用品；有的药店还提供刷卡提现并提成部分刷卡资金，等等。

根据济宁人社字［2014］111 号文通报的内容，在 2014 年 6 月 2 日当天对市区部分定点药店的明察暗访中就发现了 11 家药店存在违规刷卡销售生活日用品的现象。违规刷卡，造成了医疗保险个人账户资金的浪费和流失，严重违背了医疗保险资金专款专用的规则。截至 2017 年年底，A 市全市医疗保险个人账户累计结余约 14 亿元。由于个人账户资金只能用于门诊或定点药店的医疗消费，无医疗需求的参保人员利用多种渠道，套刷医疗保险基金，如购买生活用品，甚至刷卡套现，导致个人账户滥用，造成医疗保险基金严重浪费，分散了医疗保险制度的基金统筹能力，带来了许多弊端：一方面大量的医疗保险个人账户基金闲置，另一方面统筹基金支付压力过大，不能充分发挥医疗保险基金的社会统筹作用，也不利于完善政策、提高待遇、降低个人医疗费用负担。

随着老龄化社会的来临，职工医疗报销费用总额不断增长，职工医疗保险统筹基金日益紧缩，2016 年以来已有多个县区出现统筹基金当期超支现象。筹集医疗保险基金的宗旨应是共济，在医疗保险统筹基金日益紧张的情况下，如此之多的职工医疗保险费划入医疗保险个人账户，会大大削弱职工医疗保险的共济属性。

(三) 医疗保险个人账户的变化

针对现实中存在的违规使用医疗保险个人账户资金购买生活日用品的现象，济宁市医疗保险管理部门不断出台多项管理办法对医疗定点机构加强管理，坚决维护医疗保险基金专款专用，保障职工抵御医疗风险的能力和需求。济宁市医疗保险个人账户相关的改进主要集中在三个方面：加强对医疗保险刷卡药店的管理、扩大医疗保险个人账户资金使用范围和推广社保卡。

第一，采取多种组合措施，切实加强对医疗保险零售药店的管理。近年来，济宁市社保局逐渐加强了对医疗保险定点医疗机构的管理。2015年6月，济宁市社保局下发通知，要求在全市医疗保险定点医疗机构和定点零售药店统一悬挂或张贴统一设计的《打击违规违法行为维护医保基金安全》宣传牌。宣传牌不仅列明了各种医疗保险违法违规行为，还罗列了各县市区的医疗保险违法违规行为举报热线。2016年6月，济宁市社保局多次安排工作人员对市区内医疗保险定点零售药店进行明察暗访，发现并通报处罚了一批违规刷卡销售日用生活用品的药店。2016年7月，济宁市社保局对主城区医疗保险定点零售药店重新进行现场评估量化，仅将其中得分为80分以上的定为医疗保险定点药店，同时又将四个区的协议定点医药机构一同纳入城区定点医药机构进行规范、统一地管理。2016年8月，济宁市社保局出台《关于规范济宁市主城区医疗保险定点零售药店部分经营活动的通知》(以下简称为《通知》)，《通知》中对药店的经营物品范围、促销活动都做了详细的限制性规定。并且，为完善医疗保险机构对医疗保险定点医药机构的协议管理，2017年济宁市社保局根据人社部统一规程，重新下发了《基本医疗保险定点医药机构协议管理经办规程》。

第二，济宁市人社部门出台多份文件，逐步扩大医疗保险个人账户的使用范围。为减少医疗保险个人账户资金的沉淀量，增强个人账户资金的家庭共济能力，济宁市出台政策合理扩大了医疗保险个人账户资金的使用范围。根据济宁市颁发的有关规定，在原支付范围的基础上扩大了以下四方面的范围：本人或亲属在定点医疗机构门诊就医或住院发生的应由个人承担的医疗费；本人或亲属参加职工或居民基本医疗保险应由个人负担的费用；本人或亲属购买与基本医疗保险相衔接的商业健康保险所支付的费用；本人或亲属在定点医疗机构或疾病预防机构的健康体检和预防接种费用。为构建多层次医疗保障体系，济宁市社保局先后下发《关于建立发展商业补充医疗保险完善多层次医疗保障体系的通知》和《关于进一步增加商业补充医疗保险项目的通知》，规定了参保职工可以使用医疗保险个人账户为本人或亲属购买指定的商业补充医疗健康保险，商业补充医疗保险项目由起初的 1 个扩展到 9 个。

第三，持续推广社会保障卡，不断拓展社会保障卡的应用功能。2015 年济宁市社保局下发《关于进一步规范拓展社会保障卡应用功能推进工作有关事项的通知》，督促指导各县市区围绕"挂号就医、费用结算、身份识别、信息查询"等事项基本功能积极开展各方面的软硬件建设和规范管理，对合作银行提出了"全市使用、标准统一、功能兼容、互联互通"四项原则，从此济宁市市直及各县市区的社会保障卡实现全城通用，即市直及所有县市区参保职工的医疗保险个人账户资金都可以毫无阻碍地在全市任何一家定点医药机构进行支付消费。

为实现社保卡跨地区用卡，方便参保职工在本省其他地市甚至在外省的医疗保险定点医院就医结算或在医疗保险定点药店购药，济宁市于2016 年 12 月 20 日启用社保卡医疗保险账户个人识别码，将社保卡医疗保险账户和金融账户的密码分割开来，这样就能够更加方便地实现医疗保险账户跨地区刷卡消费。

三、我国医疗保险个人账户运行中存在的问题

城镇职工基本医疗保险个人账户的设计是特定历史时期的产物，是

医疗保险制度改革过程中，对社会环境和政策目标进行折衷的产物。在制度建立初期，医疗保险个人账户，对培育个人参保意识、促进个人参保缴费、迅速扩大参保覆盖面等发挥了积极作用。

当前，医疗保险个人账户基本实现了"保证改革平稳进行"和"激励个人缴费积极性"两个目标。但是在社会、经济不断发展的过程中，医疗需求扩大、医疗技术进步、疾病谱变化、医疗服务行为不端等因素，都加剧了医疗费用的持续增长。随着"人人公平参保，深化医疗保险功能，企业和个人减负"等政策目标的提出，个人账户不再适应当下的需求，呈现出越来越明显的弊端，严重影响到医疗保险制度的公平与可持续发展。

就目前我国医疗保险个人账户的情况而言，存在以下几方面明显的问题：

（一）没有互助共济功能

医疗保险个人账户的资金归个人所有，仅限于个人或家庭使用，因此，缺乏互助共济的功能，跟社会保险的基本理念相冲突。

而且，基金积累制本身不能实现转移支付和收入再分配，受到社会筹资能力的约束，将缴费（全部个人缴费+单位缴费的30%左右）用于个人账户积累则必然降低统筹基金的筹资水平，削弱医疗保险基金的整体保障能力。

（二）个人账户资金大量沉淀

个人账户的资金是由参保人自己缴纳的全部医疗保障费用加上大概30%的用人单位缴费组成的。但是大部分地区在具体实施医疗保险个人政策时，划拨进入个人账户的资金占医疗保险总体缴费额度的比例高于30%。职工基本医疗保险的缴费由单位和个人共同承担，目前比较常见的是由工作单位缴费比例为7%，个人缴费比例为2%。根据国务院的规定，30%左右的单位缴费划入医疗保险个人账户，这样计入医疗保个人账户的比例合计就有 4.1%，因此，划入医疗保险个人账户的资金，占用人单位和个人相加的医疗保险总缴费的比例约为 45.6%。

《2016 年度人力资源和社会保障事业发展统计公报》显示，2016 年全年城镇基本医疗保险基金总收入 13084 亿元，支出 10767 亿元。年末城镇基本医疗保险统筹基金累计结存 9765 亿元(含城镇居民基本医疗保险基金累计结存 1993 亿元)，个人账户积累 5200 亿元。

个人账户划拨比例太高，导致大量个人账户资金的沉淀在个人账户之中，没有被使用，显得非常可惜。

(三)个人账户门诊保障不足

虽然个人账户总规模有 6000 多亿，达到整个医疗保险基金积累的 1/3，但是人均只有 1000 多块钱，而且分布很不均匀，完全不足以应对大病风险、失能风险与老龄化风险。这使得门诊费用较高的人群负担较重，并变相激励某些患者为了医疗保险报销，小病大治，过度住院。

2017 年全国职工参保人百人住院人次达到 18.4，其中在职职工 9.8，退休职工 42.4，而门诊统筹支付待遇较好的地区，如北京、上海(门诊统筹支出占统筹基金支出比重分别为 66% 和 45.7%)，参保人百人住院人次仅有 8.6(在职 4.3、退休 28.2)和 15.2(在职 7.4、退休 31)，大大低于全国平均水平。这说明门诊保障支付较差的地区存在明显的过度住院现象，造成统筹基金的极大损失。

(四)个人账户资金浪费严重

各地的个人账户使用政策有所差异，但大部分地区个人账户仅用于定点药店、门诊费用和住院自付。现实中，为了使沉淀于个人账户中的资金，能够被使用，部分定点医疗机构将医疗保险卡变为购物卡，在定点药店销售生活用品、食品、保健品等物质，指定药店药价畸高现象也普遍存在，甚至存在着腐败行为。个别地区如北京，个人账户甚至可以取现，相当于取消了个人账户。这些违规行为，严重偏离了个人账户的设立初衷，造成保险资金的无谓浪费。

(五)个人账户资金面临贬值

国家为确保医疗保险基金的安全，对基金参与投资限制很多。根据国务院《关于建立城镇职工基本医疗保险制度的规定》，基本医疗保险基金当年筹集的部分，按活期存款利率计息；上年结转的基金本息，按3个月期整存整取银行存款利率计息；存入社会保障财政专户的沉淀资金，比照3年期零存整取储蓄存款利率计息，并不低于该档次利率水平。如此之低的计息率意味着，个人账户资金根本无法实现保值、增值，居高不下的积累基金事实上正在大幅贬值。

(六)个人账户管理成本增加

职工医疗保险个人账户属于即时支付，不仅不具有养老保险个人账户的储值积累功能，而且个人账户的记账、计息、划转以及使用等众多环节操作复杂，需要消耗大量的人力物力，个人账户的滥用更是对监管提出了较高的要求，这些都造成医疗保险个人账户的管理成本较高。当前，我国的医疗保险经办部门是医疗保障局下属的事业单位，由国家财政经费支持运转，每年的管理费用是一笔巨大的开支。[1] 许多地方为了减少管理成本，把个人账户交给个人自由支配，个人账户的设立已经毫无意义，因此，绝大多数国外研究机构和学者主张取消医疗保险保险个人账户，国内许多人也认为可以将个人账户转到补充医疗保险并适当调整个人账户比例，以利于提高基本医疗保险的共济性，减少基金的管理成本。

(七)医疗保险部门监管不力

每年医疗保险部门会到可以使用医疗保险卡的医院和药店开展调查

[1] 张小娟.职工医保个人账户问题与走向探讨[J].兰州学刊,2020(06).

活动，通过这种突击检查的方式，监督医院和定点药店的医疗保险卡使用情况，是否存在违反医疗保险卡制度规定的现象，但除此之外，医疗保险部门基本不会开展其他针对社保刷卡的监督活动。

此外，许多地方的信息化监管平台的建立持续滞后，没有建立针对社保卡违法违规刷卡行为的信息化监管系统，医院和药店的医疗保险系统都是独立建立的，社保部门无法对进行实时监管。因此，监管力度不大，缺乏震慑力，无法有效地制止违规违法行为。

(八)违规处罚力度不够

2011 年社会保险法实施以后，各地方出台了一系列针对违规使用医疗保险卡的处罚措施。但即使是地方政府的立法紧跟国家进度，各地医院和药店仍然不缺少各种违规使用医疗保险卡的现象，究其根本，是政府出台的法规和政策针对违规使用医疗保险卡的行为惩罚力度较轻。[①] 现实中，对于医院和药店存在的套取医疗保险基金的违法行为，医疗保险部门或执法部门一般都是要求违法机构将违法套取的医疗保险资金退回，然后处以数额不大的罚款。对于医院和药店比较恶劣的违法行为，医疗保险部门则会在一段时间内禁止违法机构的刷卡资格，但是处罚期满后医院和药店仍可以重新获得医疗保险刷卡资格。这种程度的处罚对于医院和药店而言可以说是不痛不痒，因此医院和药店为了追求更大的利益，往往不畏惧医疗保险部门和执法部门的惩罚。由于违法成本太低，医院和药店的违法刷卡行为屡禁不止，甚至越来越猖獗。对于参保的个人而言，医疗保险部门和执法部门对于其一般的违法刷卡行为只是口头教育，甚至不存在罚款或其他的行政处罚措施。对于个人而言，违法刷卡的成本可以忽略不计。于是，不论是参保的职工个人还是

---

① 贺菊颖，刘若飞. 支出路径多元　药店享个账改进红利[J]. 医药经济报，2019(06).

提供医疗服务的医院和药店都没有因为违法刷卡的行为得到足够的惩罚,① 导致违规行为屡禁不止。

(九)个人账户政策缺少宣传

基层的社保机构没有起到足够的宣传作用。虽然目前在各个街道和乡镇都设立了人力资源与社会保障所,但是人力资源与社会保障所的人员相对比较紧缺,由于基层的工作繁多,所以可能部分人力资源与社会保障所的工作人员甚至需要身兼数职。

此外,人力资源与社会保障所的工作人员大多也没有接受过社会保障或者医疗保险知识的专业培训,对于职工医疗保险相关政策规定本身了解得也不够全面。因此尽管人力资源与社会保障所作为基层的社保服务性机构,相比于社保局等部门要更加贴近职工的日常生活,但是由于提供的服务质量不高,咨询不够全面、专业等问题,甚至服务态度不够认真,导致很多时候职工有关于医疗保险政策的疑问也不愿意去人社所进行咨询或寻求帮助。

四、我国医疗保险个人账户改革的路径

医疗保险改革之初,为解决医疗资金入不敷出的困境而引入个人账户制度,40 多年来,随着时代发展和社会的变迁,个人账户制度的弊端开始凸显,已经到了必须进行变革的时候。目前,无论是社会保险的理论界还是医疗保险的实践部门,都已经就医疗保险个人账户改革的问题达成了共识。有些地区,甚至已经就医疗保险改革,进行了一些有益的尝试。但是,到底应该如何进行改革,医疗保险个人账户是继续保留还是完全取消,诸如此类问题,长期以来,不同的学者和专家都有不同

---

① 孔祥金,李贞玉,李枞,邹明明,杨阳. 中国与新加坡医疗保险个人账户制度比较及启示[J]. 医学与哲学,2012(33).

的意见，存在较大的争议。概括起来，主要有以下几种观点：

(一)一步到位改革个人账户[①]

这种观点认为，应当不再继续向个人账户新增缴费，把个人和用人单位的缴费直接划拨到公共的统筹基金。需要注意的是，原有个人账户仍然保留，只是把新增缴费部分直接划到统筹基金，并同步对统筹基金进行结构性调整，建立住院统筹和门诊统筹；

(二)渐进式改革个人账户

这种观点认为，应当通过降低划入个人账户的缴费比例，或者固化它的缴费基数，逐渐缩小个人账户。到一定的时间点停止划入，然后通过门诊统筹的方式取代个人账户；

(三)保留个人账户，拓展账户功能

这种观点认为，应当不改变现有制度基础，依然保留统账结合，尽量优化个人账户的功能。比如扩展保障对象、扩展保障范围，包括购买商业保险、门诊统筹的替代等；

(四)取消个人账户，实行家庭联保[②]

这种观点认为，应当通过家庭联保的方式，也就是用个人账户资金将职工家属纳入医疗保险，以家庭为单位参保，直接把现在的职工保险和居民保险进行大整合。

笔者认为，以上四种方案各有优劣，应从促进我国医疗保险制度公平可持续发展的长远视角，综合考虑改革实施效果，做出理性选择。

2019年5月，国家医疗保障局和财政部日前联合发布《关于做好

---

① 廖化. 医保个人账户改革的4个路径探讨[N]. 中国医疗保险, 2019-2-17.
② 廖化. 医保个人账户改革的4个路径探讨[N]. 中国医疗保险, 2019-2-17.

2019 年城乡居民基本医疗保障工作的通知》，其中规定："实行个人(家庭)账户的，应于 2020 年底前取消，向门诊统筹平稳过渡；已取消个人(家庭)账户的，不得恢复或变相设置。"

虽然在通知中，取消的个人账户仅仅局限于城乡居民医疗保险，还未涉及城镇职工基本医疗保险，但是却指明了未来我国医疗保险改革的方向。也就是说，个人账户将会逐渐被取消，取而代之的将是更加适应我国国情和满足新时期社会统筹保障需求的医疗保险制度。

五、各地医疗保险个人账户改革的实践

我国医疗保险由于实行的是中央统一制定法律，地方根据实际情况具体制定落地政策的形式，因此在一些经济较为发达地区，个人账户的改革走在了大部分城市的前面，在这些城市已经进行的改革经验，可以作为之后医疗保险个人账户改革的参考经验。

(一)北上广的医疗保险个人账户改革

2005 年，北京市颁布了修改之后的《北京市基本医疗保险规定》，对已经从工作单位退休的职工，不满 70 周岁的按照前一年北京市职工月平均工资的 4.3% 缴纳医疗保险费用，70 岁及 70 岁以上的退休职工则按上一年月平均工资的 4.8% 缴纳医疗保险费用，个人缴纳的医疗保险费用依然是全部进入个人账户。同时，《规定》表示可以对于当年进入个人账户的部分资金按银行活期存款利率计算利息；对于上年存入个人账户的结余资金，按照三个月期整存整取银行存款利率来计算利息。[1]

上海市医疗保险部门在不断降低缴费负担的同时，也在提高医疗保险个人账户的划拨标准。2017 年 1 月 1 日起上海市将单位缴费比例由

---

[1] 冯鹏程、新加坡. 储蓄医疗保险模式下的税收政策[J]. 中国保险报，2014(07).

10%降为 9.5%。用人单位缴纳的基本医疗保险费根据参保人的年龄按不同的定额标准划入医疗保险个人账户，而且这个定额标准都会根据每年的经济社会发展水平逐年提高。

上海市实行医保年度和一次性预划拨制度。例如 2018 医疗保险年度指 2018 年 4 月 1 日至 2019 年 3 月 31 日。每年的 4 月 1 日，上海市医疗保险部门会出台新医保年度的计入标准，然后一次性预划拨医疗保险个人账户资金。上海市对医疗保险个人账户资金的使用实施严格的监管政策。持卡人在定点药店可以刷卡购买医疗保险目录内的药品，定点药店原则上每天只能向同一名参保人员提供一次医疗保险药品的刷卡配售服务；持卡人单次刷卡购买医疗保险非处方药品的费用一般不超过 200元；月累计刷卡超过 1200 元的，将暂停其刷卡资格，原则上次月 15 号恢复医疗保险刷卡功能。医疗保险部门还规定对单次超常规量购药、一人持两张以上(不含两张)社保卡购药、其他疑似刷卡套现的行为等进行严格监管。近两年，上海医疗保险开展了同商业医疗保险的合作。

2017 年，上海市探索开展了医疗保险个人账户购买商业医疗保险试点，规定参保人可以自愿为本人购买经保监会批准、市政府同意的商业医疗保险专属产品。2017 年全年共计 81511 人次购买①，此次在减少医疗保险个人账户资金结余量的同时，满足了部分参保人对多层次医疗保障的需求，另外对本市商业健康医疗保险的发展也起到了一定的促进作用，总体来讲取得了良好的试点效果。

在广州市社会保险费用由税务部门统一征收，医疗保险资金由医疗保险部门负责管理和支付。2015 年 7 月 1 日广州市发布了新的《广州市社会医疗保险办法》，规定不同年龄的参保人划拨比例不同。资金使用范围方面，规定使用人不仅限于参保人本人，也包含本人的直系亲属，这有利于提高个人账户资金的家庭共济性，从社会福利角度

---

① 申曙光、猴小娟. 医疗保险个人账户的公平与效率研究——基于广东省数据的分析[J]. 中国人口科学，2011(05).

来讲，这也使得医疗保险个人账户成为一种新的家庭福利；可以支付其在定点医疗机构进行预防接种和体检的费用、在定点药店购买药品或其他医疗用品的费用、参加社会医疗保险及补充医疗保险个人需缴纳的费用。①

（二）大连、青岛医疗保险个人账户改革

在大连市，2011年6月就印发了《大连市基本医疗保险定点零售药店管理办法》，《办法》规定医疗保险经办机构对违规销售营养保健品、化妆品、生活用品等各类非治疗药品的医疗保险定点医药机构将处以中止服务协议3个月的处罚；对套现的，采取最严厉的处罚，取消定点资格，终止服务协议。

为进一步减轻参保人员的医疗费用负担，构建多层次医疗保障体系，切实提升抵御重大疾病风险的能力，从2013年起大连市允许职工基本医疗保险个人账户购买商业健康保险。规定"职工基本医疗保险参保人员个人账户上年末累计结余额在2000元以上的部分，可用于为本人或其直系亲属购买商业健康保险。"②

在青岛市，人力资源与社会保障局出台19号文，规定从2012年4月1日起，调整医疗保险统筹金与个人账户比例。退休人员按照本人养老金的5%记入其中，70周岁以下月记入额低于80元的按80元记入，70周岁及以上月记入额低于90元的按90元记入。③

2017年12月，青岛市发布《职工基本医疗保险个人账户管理办法》，将医疗保险个人账户使用人扩大到了本人及其直系亲属，并允许

---

① 李娜，胡敏，陈文，徐望红. 城镇职工基本医疗保险个人账户改革现状及机制分析[J]. 中国卫生经济，2019(38).

② 孔祥金、李贞玉、李枞、邹明明、杨阳. 中国与新加坡医疗保险个人账户制度比较及启示[J]. 医学与哲学，2012(04).

③ 陈启鸿. 门诊医疗服务与基本医疗保险基金的个人账户[J]. 卫生软科学，2000(14).

用于支付本人和直系亲属购买社会医疗保险和补充医疗保险应由个人负担的费用。职工大病医疗保险的费用按规定也可从医保个人账户划转，购药范围是：1. 药准字类药品；2. 中药饮片(需提供医师开具的处方单)；3. 计划生育用品(包括药品和避孕工具)；4. 消毒用品(卫消字类)；5. 一次性医用材料和医疗器械；6. 国食健字类保健食品；7. 其他经社会保险经办机构审核纳入的与医疗健康有关的产品。

青岛市的医疗保险个人账户改革卓有成效，合理地扩大了个人账户的适用范围，同时还规定了医疗保险个人账户的计算利息的标准，北京市执行的计息标准相同。这样的改革有利于提高个人账户中积存资金的保值、增值能力，既有利于参保人的个人利益，也有利于整个医疗保障体系的健康运行。最后，青岛市还明确规定了对于药店违规销售日用品、套现等行为应予严厉惩处，严重的情况下，可以将这些违约的药店或医院纳入失信"黑名单"。

(三)苏州、镇江医疗保险个人账户改革

在苏州市，一方面，医疗保险定点医药机构的监管部门不断加强了对医疗保险定点药店的管理和处罚力度。在2014年，苏州市先后公示了多家被取消医疗保险定点资格的药店名单，这些药店普遍存在非正常刷卡、店内摆放大量保健品、药品进销存管不规范、违规销售处方药等不法行为。根据《苏州市社会基本医疗保险定点零售药店管理办法》的处罚规定，苏州医疗保险部门将不再受理被处罚药店重新申请定点的申请。另一方面，苏州市医疗保险部门不断提高退休人员医疗保险个人账户划拨金额，增加对退休人员的政策倾斜。从苏人保规(2015)1号文到苏人保医(2018)14号文，苏州市将退休人员医疗保险个人账户全年的划拨总额逐年提高50元。[1] 再一方面，苏州市在构建基本医疗保险+商

---

① 肖雪颖. 浅谈宏观经济波动对城镇职工医保基金运行的影响[J]. 知识经济, 2019(28).

业补充健康保险的多层次医疗保障体系方面，不断扩大了职工医疗保险个人账户可购买的商业健康保险的产品种类。从 2012 年至 2017 年 10 月已经公布了四批，共有"医保健""吉祥安康""医惠宝""东吴安家宝"等近 20 项产品。

镇江市是我国基本医疗保险个人账户改革最早的城市。在镇江市，职工医疗保险个人账户分为一级账户和二级账户，其中一级账户主要用于支付参保人当年发生的医疗费用，当年有结余的还可以用于支付定点社区卫生服务机构的健康体检费用及符合规定的诊疗、药品的部分费用；另外二级账户为上年度累计存储额高于 3000 元以上的部分，二级账户主要可以用于支付起付线以上的个人应负担的医疗费用等。

2009 年，镇江市出台《关于进一步完善统账结合基本医疗保险个人账户政策的通知》，要求参保人可以使用二级账户的资金，缴纳本人或直系亲属领取失业金期间参加职工医疗保险个人应负担的费用，直系亲属的二级账户资金可以划转到参保职工的一级账户用于支付医疗费用，遇到重大疾病时家庭成员的二级账户资金也可以划入参保人的二级账户，参保人可以使用二级账户资金参与医疗保险部门允许的由综合性医疗机构开通的"健康管理"项目，这些"健康管理"项目可以为参保人提供健康评估、帮助改善健康、减少患病风险等健康预防服务。

根据《关于取消统账结合基本医疗保险参保退休人员大病金缴纳的通知》的规定，镇江市所有参保在职职工和退休人员都必须参加自费医疗补充保险，其中退休人员不再额外缴费，相关费用按照相关标准从本人医疗保险个人账户中代扣。

根据《关于进一步补充拓展统账结合基本医疗保险二级个人账户"助医"功能的通知》，镇江市有意扩大二级账户在家庭范围内的"互济"作用，允许参保人使用二级账户支付家庭成员及直系亲属医疗保险报销后个人承担的医疗费用。

2016 年 6 月，镇江市出台《关于完善医疗保险市区统筹的通知》，宣布实行市区定点医疗机构和定点零售药店互联互认制度，市区内的参保人员，都可以方便地在市、区所有的医疗保险定点医药机构就医购药。①

2016 年 12 月，镇江市又出台《关于完善全市医疗保险相关制度的通知》，继续扩大二级账户的使用范围，允许支付基本医疗保险"三个目录"外的自费医疗费用，还允许购买医疗保险经办机构审核确定的商业健康保险。②

六、我国医疗保险个人账户改革的建议

如前所述，我国医疗保险个人账户改革的焦点，是个人账户的存费之争。国家在城乡居民医疗保险领域，率先取消个人账户，说明从政策走向上，建立门诊统筹、对医疗保险个人账户进行根本性改革，将成为不可逆转的方向。

2010 年，《社会保险法》摒弃了"医疗保险个人账户"的表述，意味着医疗保险个人账户将不复存在，为医疗保险个人账户改革厘清了法律障碍。

虽然改革的方向已经明确，但是在改革的步骤上，笔者认为，不能简单地"一刀切"，而应该采取渐进式的改革方案。从逐步缩减个人账户缴费开始，努力优化个人账户功能，到最后取消医疗保险个人账户。按照这个思路，笔者有如下一些建议：

(一)加强舆论引导，形成取消个人账户的社会共识

第一个共识，政策制定层面，个人账户改革与城镇职工、城乡居民

---

① 　赵朔杰 . A 市城镇职工医保个人账户运行问题与对策研究［D］. 济南：山东师范大学，2019.
② 　赵朔杰 . A 市城镇职工医保个人账户运行问题与对策研究［D］. 济南：山东师范大学，2019.

医疗保险整合改革是相匹配的。第二个共识，取消个人账户，提高风险共济能力不是对个人利益的伤害，而是对个人风险更有效的分散。可以通过权益置换，保护所有的参保人权益，尤其是一些特殊群体的权益保障问题，比如老年退休人员。第三个共识，个人账户改革会给企业带来降费空间，减轻企业负担。

(二)完善法律法规体系，加大对统筹基金监管力度

法制化是实现个人账户改革的重要保障。应把个人账户改革的具体政策内容明确下来，以法律法规的形式予以其合法性，并保证可操作性，降低统筹基金支付的风险。

(三)坚持平稳过渡、合理转换、政策协同等原则

保证医疗保险改革平稳推进：第一，减少改革冲击力度，稳妥推进；第二，不能降低(实际上会提高)参保者尤其是退休人员的保障水平；具体到政策实施，可以考虑以下两种路径选择。

第一种，不直接取消个人账户，即老人老办法，新人新办法①。已有的个人账户予以保留，个人账户的存量资金仍然归个人所有，并且维持现有的支付门诊费用、药店买药的功能，允许用个人账户支付家庭成员费用，如居民参保缴费等；从规定日起，对于新参加医疗保险的参保人员，不再设立个人账户，用人单位缴费和个人缴费全部划入医疗保险统筹基金账户，按照改革以后新的办法使用。

第二种，逐步过渡。先逐步减小个人账户的比例，然后停止将原本30%左右的单位缴费划入个人账户，未来再择机将个人账户并入统筹基金账户，直至取消个人账户。

实践中，如韶关市职工医疗保险的个人账户，已经从最初的包括个

---

① 仇雨临.【国内】医保个人账户将向门诊统筹过渡[N].老年日报，2020-03-12.

人缴费的全额和单位缴费的一部分,到现在只有个人缴费的 75% 划入个人账户。

(四)优化功能,扩大现有个人账户结余的使用范围

对于个人账户的存量资金部分,可以结合各地已有的改革政策,进行优化、活化或弱化。比如把它扩展到家庭共用,允许购买医疗商业保险,特别是政策性的税收优惠型的商业保险等。

目前,不少地方探索允许使用医疗保险个人账户资金购买商业健康保险,笔者建议相关商业保险机构推出更多的普惠性的商业健康保险项目,同时建议医疗保险部门主动加强宣传引导,让更多的参保群众转变观念,接受商业补充医疗保险,最终让更多的参保人明晰使用闲置的医疗保险个人账户资金购买补充医疗保险,能够提升自身应对可能的疾病风险的能力,对个人和家庭都十分有益。

从多地的改革情况来看,上海等不少地方已经允许使用医疗保险个人账户购买商业健康保险。使用富余的医疗保险个人账户资金购买商业健康保险,不仅可以有效减少资金冗余量,还能为参保群众提供更高层次的保险服务,这符合国家构建多层次保障服务体系的要求,应该得到推广和加强。

(五)借鉴经验,建立个人账户分级管理制度

在镇江市医疗保险个人账户改革经验基础上,可以将医疗保险个人账户分为两级账户,一级账户主要是当年存入的医疗保险个人账户资金,主要用途是日常购药或者门诊消费,二级账户存储历年结余的账户资金本金和利息,用途上相对灵活些,可以转移至亲属的医疗保险个人账户,也可以用于购买商业补充医疗保险。

在保值增值方面,短期内,医疗保险资金管理部门可以通过同各大银行开展竞争性谈判,适当提高二级账户的存款利率,为参保人的医疗

保险个人账户资金增值保值提供渠道保证；从长期来看，可以筛选一些稳健的金融投资项目，积极稳妥地向国家有关部门汇报请示争取，力争国家允许地方将部分医疗保险个人账户资金投进一些安全可靠且收益较高的项目当中，收益全部分享给参保人，让参保群众切身感受到更多的改革红利。

（六）积极探索，创新医疗保险个人账户监管方式

第一，完善医疗保险部门同医疗保险定点医药机构的服务协议，严格明确协议中医药机构的行为规则及违规惩处办法；

第二，加强对刷卡行为的信息化监管，紧紧依靠信息技术手段，第一时间记录并传递上报疑似违规刷卡行为，让违规行为有迹可循，难逃处罚。

具体来讲，从全国各地的经验来看，医疗保险部门加强同医疗保险定点药店的协议管理，严格规范服务协议细则，加大检查、曝光及惩处力度，在禁止定点药店销售日用品和禁止套现方面，可以收到良好的管理效果。

规范协议管理要抓好两点：一是协议内容要细致、严格、规范；二是对违规行为处罚力度要大，严重违规的可以一票否决直接永久取缔定点资格。从上海市的经验来看，加强对参保人刷卡行为的限制和管理，可以从持卡人这一方面的源头上禁止违规刷卡行为的发生。借鉴上海市的医疗保险个人账户改革经验，还可以在现有合作银行 POS 机刷卡系统基础上尽快建设可对单次大额刷卡行为及单天多次刷卡行为进行预警的信息系统，发生高额度刷卡或高频率刷卡等异常刷卡行为及时回传后台监督平台。

监管部门对上传反馈的异常刷卡行为可以开展随机抽检，各定点医药机构需定期保存参保人医药消费时的视频影像资料备查，确认是违规刷卡行为时及时处罚并且第一时间通报曝光，以儆效尤。

(七)建立门诊统筹制度，逐步取代个人账户功能

将门诊统筹与个人账户调整构成一组政策工具，二者协同推进。①
目前全国仅江苏、浙江、安徽、广西等地区已经开展门诊统筹面向零售
药店开放的试点。

门诊统筹，简单来说，就是把门诊费用纳入统筹基金报销范围，由
基本医疗保险统筹基金和个人共同负担门诊费用。根据国家医保局对于
取消城乡居民医疗保险个人账户的解读，个人账户取消并不会降低医疗
保险待遇，而是通过推进门诊统筹进行替代实现。将来，不仅常见病、
多发病的门诊医疗费用能报销，小病、多发的慢性病医疗费用也逐步纳
入报销范围，医疗保险的保障能力将不断提高。

国家医疗保险局表示，各地推进门诊统筹后，可将门诊小病医疗费
用纳入统筹基金支付范围，群众在基层医疗机构发生的常见病、多发病
的门诊医疗费用均可报销，比例在50%左右。同时，为减轻参保群众
的门诊大病负担，对于一些主要在门诊治疗且费用较高的慢性病、特殊
疾病(如恶性肿瘤门诊放化疗、尿毒症透析、糖尿病患者胰岛素治疗
等)的门诊医疗费用，也纳入统筹基金支付范围，并参照住院制定相应
的管理和支付办法。

这意味着，原来不能报销的小病、慢病费用也能报销了。可见，医
疗保险改革，根本不用担心取消个人账户会影响报销待遇，反而因为互
助共济能力增强，保障范围还能进一步延伸。

客观地讲，在不增加缴费的情况下，利用个人账户资金建立完善门
诊统筹制度，会提高参保人整体获得感。门诊(包括慢病、大病)费用
较高的参保人可以通过基金互济获得更多的统筹支付，生病较少、费用
较低的参保人虽然损失了个人账资金，但获得了门诊保障和更好的住院
保障，等于用那些花不了也取不出来的"闲钱"买了一份实实在在的保

---

① 仇雨临.改革个人账户是一次权益置换[J].中国社会保障，2020(04).

险，也是净受益者。

医疗保险门诊保障向门诊统筹过渡和转换，相较于原有的个人账户，可以在全体参保人中实现互助共济，提高医疗保险基金的共济能力，符合社会保险风险共担的基本原则，有利于为参保人提供更加公平的医疗保险待遇，为解决个人账户的弊端提供了实现途径。

(八) 将门诊和住院纳入同一基金池，统一管理和使用

统筹基金扩大规模后，可能出现大量资金被三级医院虹吸的情况，这要求医保管理部门及早着手配套制度建设，强化基层医疗机构的服务能力以及扩充医疗保险在基层医疗机构的覆盖面，加大对符合医疗保险定点条件的社会办医的开放度，以支付方式、支付标准等为杠杆，引导分级诊疗和全科医疗体系发展，推动医药分开，引导医疗行为合理化，让统筹基金可以花更少的钱、以更便捷的方式为参保人提供更满意的医疗服务，提高老百姓获得感。

(九) 个人账户的改革，与支付政策改革同步进行

当前，我国职工医疗保险的支付政策，基本都按门诊和住院分类制定。因为个人账户的存在，很多地区规定门诊费用不报销，由个人账户支付；有的地区虽然门诊费用可以报销，但报销比例和封顶线均较低，保障能力有限。医疗保险之所以实施门诊和住院差异化的报销政策，是基于门诊是小病、费用低，而住院是大病、费用高的假设，再加上基本医疗保险只能保障大病风险的定位和个人账户的存在，故大多数地区门诊不报销。

但这里存在一个悖论，即门诊并不等于小病和低费用，基于这种假设制定的报销政策，导致了门诊转住院的问题，进而造成了更高的医疗费用支出。笔者在整理资料的过程中，发现很多地区的政策规定门诊的起付线高于住院的起付线，也就是说很多本可以门诊治疗的患者选择住院治疗，因为报销政策更加优惠。

为了解决这个问题，很多地区实施门诊慢病和特病(慢性疾病和特殊疾病)报销政策，即规定一些特定病种，这些病种的患者在门诊看病能够享受更低的起付线，更高的报销比例和报销政策，吸引患者尽量选择门诊治疗。但这种方式必然带来管理成本的增加和不公平。因为患者要享受门诊慢病或特病的报销，必须到医疗保险经办部门认证，这必将带来大量的工作量，同时也难以避免一些违规者伪造就诊信息骗取医疗保险费用。①

另外，因为门诊报销的优惠政策基于疾病而不是费用，跟医疗保险的费用风险分摊机制背离，而且容易造成不同疾病之间的不公平。幸运的患者所患疾病恰在慢病和特病的目录内能够得到医疗保险报销，不幸的患者所患疾病未进入目录便难以获得补偿。

医疗保险的目的是医疗风险的保护，因此，没有必要区分门诊或是住院，也没有必要区分疾病，而应该简单统一地按照费用来进行管理，即医疗保险参保患者一个医疗保险年度内在定点医疗机构发生的所有费用累计，设定统一的起付线、报销比例(可以分段)和封顶线，进入起付线部分按照相应报销比例报销即可。② 这种设置模式使得经办部门的工作量大幅减小，能大大提高医疗保险经办部门的效率，也简化了医保结算系统的设置，群众之间的公平性改善，获得感提高。

(十) 探索长期护理保险等相关制度安排

应对人口老龄化对医疗费用冲击的最佳机制，是单独设立护理保险，而不是医疗保险，有必要在总结地方经验的基础上加快长期护理保险制度建设工作，积极主动应对人口老龄化挑战。③

2016 年 6 月，人力资源与社会保障部印发了《关于开展长期护理保险制度试点的指导意见》，提出在部分地区"探索建立以社会互助共济

---

① 张小娟. 职工医保个人账户问题与走向探讨[J]. 兰州学刊，2020(06).
② 张小娟. 职工医保个人账户问题与走向探讨[J]. 兰州学刊，2020(06).
③ 廖化. 医保个人账户改革的 4 个路径探讨[N]. 中国医疗保险，2019-2-17.

方式筹集资金，为长期失能人员的基本生活照料和与基本生活密切相关的医疗护理提供资金或服务保障的社会保险制度"。

2017年6月21日，国务院常务会议提出"大力发展老年人意外伤害、长期护理、住房反向抵押等商业养老保险，逐步建立长期照护、康养结合、医养结合等养老服务保障体系"。

党的十九大报告明确指出，要实施健康中国战略，积极应对人口老龄化，构建养老、孝老、敬老政策体系和社会环境，推进医养结合，加快老龄事业和产业发展。

笔者认为，面对人口老龄化问题，我国在养老方面应当加大力度，寻求多样化的解决方案。

第一，应坚持"政府主导，社会参与，多方筹资，多元服务"的思路，按照"科学评估，合理分级，社会运作，稳妥推进"的方式，建立符合我国国情的多层次的长期护理保障制度；

第二，坚持救助与保险相结合、护理与医疗相结合、居家与机构相结合、政府与市场相结合的基本原则，尽快确立具有连续性和可操作性的制度，确定资金来源，明确补偿标准。

第三，建立以医疗机构护理、专业护理机构护理、社区护理以及家庭护理为基础的四种模式，并加以引导和建设；加紧研究制定失能等级的标准建立和有关护理等级的国家标准，以及长期护理保险的支付标准；推进护理服务体系建设，大力加强从事长期护理人员的专业培训；

第四，政府应加强对商业长期护理保险的支持力度，应按照不同护理级别、不同护理地点，建立多渠道的筹资机制，通过个人缴费、财政补助、医疗保险基金适当划转、社会捐助等多渠道筹集资金，确保基金的长期收支平衡；

第五，构建多层次的长期护理保障体系，在建立基本的长期护理保险制度的同时，通过政策引导和扶持，鼓励商业保险公司开发商业性的长期护理保险和经办长期护理保险的业务。

(十一)加快推动补充医疗保险市场化发展

我国医疗保险改革的目的，是要建立一个由基本医疗保险、用人单位补充医疗保险(又称企业医疗补充保险)、商业医疗保险三者共同支撑的多层次的医疗保险体系。其中，基本医疗保险是通过国家立法强制实施的，用人单位补充医疗保险、商业医疗保险是由用人单位和个人自愿参加。三者之间互为补充，不可替代，其目的都是为了给职工提供医疗保障。

国家鼓励用人单位建立补充医疗保险制度，以提高劳动者的医疗保障水平。补充医疗保险可以由政府和单位筹资开办，也可以与商业保险公司合作开办。

2016 年 12 月 1 日，青岛市发布《关于建立补充医疗保险制度的实施意见》，在全国率先实施补充医疗保险制度，目标是在基本医疗保险和大病医疗保险覆盖面的真空地带，进一步提供额外保障。

青岛的补充医疗保险分为覆盖全民的补充医疗保险，以及自愿购买的企业补充医疗保险和个人补充医疗保险。其中全民补充医疗保险基金的来源包括原大病医疗救助资金划拨、医疗保险参保人每人每年 20 元的标准缴纳补充医疗保险费、城镇职工医疗保险个人账户历年和当年保值增值收入纳入补充医疗保险基金，以及从医疗保险基金历年结余中一次性划转 30 亿元作为补充医疗保险专项储备金。

类似的医疗补充保障的国际经验包括新加坡的 Medishield，即健保双全计划。① 这是一项低成本的大病医疗保险计划，帮助居民支付重病或长期慢性疾病的医药开销，由个人自愿投保，政府指定的商业保险公司承保。保费从个人保健储蓄中扣除，缴费标准随年龄增长递增。老龄健保计划是一项严重残疾保险，对需要长期看护的严重失能人员提供基

---

① 新加坡：公私合作完善医疗服务[EB/OL]. http://www.tscare.net/html/46589.html，2015-04-04.

本保障，特别是老年人群体。此项计划为该群体提供每月一次的现金支付，以补贴这些需要长期看护者的现金支出。所有公民和永久居民 40岁时自动进入计划，保费可由保健储蓄账户支付。健保双全计划和老龄健保计划的参保者还可以购买补充保险，到私立医疗机构看病就医。

笔者认为，要完善我国的补充医疗保险，必须从以下几个方面入手：

第一，劳动和社会保障部门应制订相应的法律法规，为企业补充医疗保险发展创造良好的政策环境，医疗卫生监管部门应加强对医疗机构的监查力度，严厉杜绝开大处方药、做大检查，开假证明、冒名顶替等弄虚作假行为，为企业补充医疗保险发展创造良好的社会环境；保险监管部门应建立一套严密的监督管理机制，进一步规范和完善保险市场的正规化运作，为企业补充医疗保险发展创造良好的竞争环境；

第二，企业补充医疗保险承办公司（以下简称寿险公司）应从我国保险业良性健康发展的大局和保险公司防范风险、稳健经营的根本要求出发，加快行业自律、杜绝恶性竞争，企业补充医疗保险的参保单位也应避免短视行为，本着"长期合作、双方共赢"的态度来选择有实力、有信誉的寿险公司，因为没有任何一个以赢利为目的的经济实体会愿意永远做"亏本的买卖'。同时各参保企业还应加强对职工的宣传教育，转变职工看病就医的观念和习惯，提高职工的合法保险意识；

第三，寿险公司应加快对企业补充医疗保险赔付规律的研究和统计，并在此基础上厘定更加科学合理的保险费率、开发更具市场竞争力的保险产品。鉴于企业补充医疗保险风险难以控制、赔付率过高的现状，目前各寿险公司的产品已经开始由纯粹的保障型险种向报销型险种，或二者相结合的方式转变，[1] 这也不失为一种明智之举；

第四，寿险公司应加强与医疗机构的联系与沟通，制定比较完备的医疗费用表，使医疗费用的支付更加客观、标准、透明，减少人为因素

---

[1] 潘垚垚. 尴尬的企业补充医疗保险[N]. 中国保险，2005-11-23.

的干扰。另外寿险公司可以适当地聘请医疗卫生部门的专家作为顾问，对于医疗费用支付较高的疾病如癌症等费用评估，以加强对医疗机构的监督。

第五，大力发展商业医疗保险，为企业补充医疗保险的配合与支持。商业医疗保险以其灵活性和便利性的特点，可以为投保人提供更加专业性和多样化的服务，满足人们对医疗保险不同层次的需求。商业医疗保险改变了人们看病靠国家的观念，为医疗保险改革分担了风险。国家应当以法律形式明确商业医疗保险的地位和作用，扶持和鼓励商业保险公司积极开展相关业务，科学设计保险险种并不断创新，为客户提供优质的服务。为使商业医疗保险在社会医疗保险中发挥更大的作用，还应加强与医院以及其他医疗保险机构的交流合作，以取得更多的共享权利。①

---

① 冯亚明. 加快建立补充医疗保险制度的必要性和紧迫性［J］. 郑州煤炭管理干部学院学报，1999（03）.

第四章　工伤保险之工伤赔偿责任改革

工伤事故和职业病的发生，是世界所有国家在工业化发展过程中，不可避免的社会现象。随着工业化的加剧，工伤事故和职业病伤害的增加，越来越多的人开始关注工伤劳动者的利益问题。工伤赔偿问题，也开始被国家纳入社会保险的范畴。

工伤保险，指劳动者在生产、工作中，遭受到事故伤害和职业性疾病，导致暂时或者永久丧失劳动能力甚至死亡，国家或者用人单位依法依规为劳动者及其亲属提供医疗救助、生活保障、经济补偿或者职业康复等必要物资帮助的一种社会保险制度。

工伤保险制度的核心内容有两个：一是工伤认定的问题；二是工伤赔偿的问题。只有从这两个方面出发，建立完善的工伤保险制度，才能够妥善地解决工伤纠纷，使劳动者在遭遇工伤事故或者罹患职业病时，得到有效的基本生活保障，同时，才能使用人单位正常迅速恢复正常工作秩序，维护社会的和谐与稳定。

一、我国工伤保险赔偿责任的立法情况

1951 年 2 月 26 日，中央人民政府政务院颁布《劳动保险条例》，并于 1953 年 1 月 2 日进行了修订。该条例第 12 条对因工负伤、残废待遇进行了规定，是中华人民共和国建国以来，首次涉及工伤保险问题的立法，为我国工伤保险制度的建立奠定了法律基础。

1953 年 1 月 26 日，原劳动部颁布《劳动保险条例实施细则》，细化了劳动保险条例对因工负伤、残废待遇的规定，并且增加了因公死亡待遇的内容。

1957 年 2 月 28 日，卫生部颁布《关于试行"职业病范围和职业病患者处理办法的规定"的通知》，对 14 种常见的职业病进行规定。

1988 年，卫生部发布新的《职业病范围和职业病患者处理办法的规定》，将职业病名单增加到 9 类 99 种。该规定于 1988 年 1 月 1 日起施行，原来的《职业病范围和职业病患者处理办法的规定》同时废止。

1995 年 1 月 1 日，《中华人民共和国劳动法》开始实施。该法明确规定，劳动者在因工伤残或者患职业病的情形下，依法享受社会保险待遇，并且授权对劳动者享受社会保险待遇的条件和标准进行规定。该法是我国劳动立法的基本法，是所有其他劳动立法的依据，具有较高的法律地位。

1996 年，原劳动部发布了《企业职工工伤保险试行办法》，对工伤范围及其认定、工伤保险待遇、工伤保险基金、工伤预防和职业康复、管理和监督检查等问题做出详细的规定。该条例于 1996 年 10 月 1 日起试行，是我国第一部关于工伤保险问题的专门立法，标志着我国工伤保险制度的建立，具有重要的法律意义。

2001 年 10 月 27 日，全国人大常委会颁布《中华人民共和国职业病防治法》，规定职业病病人的诊疗、康复费用，伤残以及丧失劳动能力的职业病病人的社会保障，按照国家有关工伤保险的规定执行；职业病病人除依法享有工伤保险外，依照有关民事法律，尚有获得赔偿的权利的，有权向用人单位提出赔偿要求；劳动者被诊断患有职业病，但用人单位没有依法参加工伤保险的，其医疗和生活保障由该用人单位承担。该法分别于 2011 年、2016 年、2017 年和 2018 年做了四次修订。

2003 年 4 月 27 日，国务院颁布《工伤保险条例》，并于 2004 年 1 月 1 日起正式施行，原《企业职工工伤保险试行办法》同时废止。该条例是继 1951 年《劳动保险条例》后，我国关于社会保险的第二部单项行政法规，不仅立法层次较高，而且内容更加全面、具体，标志着我国的工伤保险制度正式以法律形式确定下来，是我国工伤保险制度的一次重大突破。该条例的内容包括总则、工伤保险基金、工伤认定、劳动能力鉴定、工伤保险待遇、监督管理、法律责任和附则等八大章共 64 条。

2010 年 12 月 8 日，国务院发布《关于修改〈工伤保险条例〉的决定》，提高了对 1~4 级的一次性伤残补助金以及一次工亡补助金的标准，并且规定，经工伤职工本人提出，该职工可以与用人单位解除或者终止劳动关系，由工伤保险基金支付一次性工伤医疗补助金，由用人单位支付一次性伤残就业补助金。

新的《工伤保险条例》于 2011 年 1 月 1 日起施行。

二、工伤保险赔偿责任的基本原则

根据我国工伤保险的相关立法，工伤保险赔偿的基本原则，概括起来，主要有以下几点：

(一)国家立法、强制赔偿原则

《工伤保险条例》第 2 条规定："中华人民共和国境内的企业、事业单位、社会团体、民办非企业单位、基金会、律师事务所、会计师事务所等组织和有雇工的个体工商户(以下简称"用人单位")应当依照本条例规定参加工伤保险，为本单位全部职工或者雇工(以下简称"职工")缴纳工伤保险费。"

第 62 条规定："依照本条例规定应当参加工伤保险而未参加工伤保险的用人单位职工发生工伤的，由该用人单位按照本条例规定的工伤保险待遇项目和标准支付费用。"

我国通过立法手段，强制要求用人单位为劳动者办理工伤保险，对于不按照法律规定参加工伤保险的用人单位，对于不按照法定时间和标准缴纳工伤保险费的用人单位，或者不按照法律规定项目、标准及方式缴纳工伤保险费的用人单位，必须自行向工伤职工支付所有工伤待遇。

(二)区别因工伤残与非因工伤残原则

工伤，又称职业伤害、工作伤害，顾名思义，是指劳动者因工作遭受的事故伤害。实践中，工伤的认定标准包括工作时间、工作场所和工作原因三个方面。原则上，职工在工作时间和工作场所内，因工作原因受到事故伤害的，应当认定为工伤。

因此，在事故发生时，必须弄清楚事故发生的原因，对于因工还是非因工事故，必须区别对待。

因工伤事故产生的费用由工伤保险基金和用人单位承担，而非因工负伤造成的损害后果，则是按照民事责任的一般原则，由侵权责任人承担。同时，工伤赔偿责任的医疗康复待遇、伤残待遇和死亡抚恤金均比非因工伤残的标准要高。

对于两者的区分是建立工伤保险的前提和出发点。

(三)无过错赔偿责任原则

无过错赔偿责任原则是指劳动者在正常的生产生活中，只要非本人故意行为导致的，无论事故的责任是在用人单位还是劳动者本身，在受伤害者伤残甚至死亡之后，受伤害者或其家属可以按照规定标准享受到医疗和经济补偿，以帮助受伤害者恢复健康、保障基本生活或者保障家人的基本生活。

但是，遵循无过错补偿原则并不表示不追究工伤事故的原因、后果和责任。用人单位应在工伤事故发生后及时调查事故，以便日后加强安全防护，消除安全隐患，吸取教训，降低工伤事故的发生概率。

(四)风险分担、互助互济原则

国家通过强制执行工伤保险，征收工伤保险费，建立工伤保险基金，以达到分担风险、互助互济的目的。具体来说，这一原则主要包含两个方面，一方面，对于受害者的赔偿和保险风险，并不全由用人单位承担，而是用人单位和工伤保险基金共同承担，方式为互助互济的形式；另一方面，对于工伤保险待遇的分配，国家要求社会保障部门或机构对工伤保险基金进行分配，在地区之间、行业之间以及人员之间进行调剂使用。

该原则缓解了用人单位或者行业因为工伤事故的发生而带来的经济负担以及继续生产的负担，既及时公正地保证了劳动者在遭遇工伤事故后的待遇，又能帮助用人单位稳定正常生产，减少社会矛盾，从而有利于正常的生产发展。

(五)经济赔偿与事故预防、职业病防治相结合原则

对工伤职工进行经济补偿，保证工伤职工的合法权益，保障伤残职工或其家属的基本生活是工伤保险的主要任务。与此同时，用人单位也应将事故预防、职业病防治相结合，以减少事故发生的概率，形成完整的社会化保障体系，有利于安全生产和事故防范。

(六)一次性补偿与长期补偿相结合原则

工伤保险的保险事故的特点，决定了其赔偿的一次性补偿和长期补偿相结合的原则。工伤事故致残的，其损伤是不可逆的，除了一次性的大额经济补偿对其进行救治，还需针对其丧失的工作能力提供长期的经济补偿。确诊职业病的，因其治疗过程十分漫长，对工伤职工的影响是长期的，故工伤补偿也应该是长期的。而死亡职工，针对其亲属的补偿多为一次性大额经济补偿，以保证其家庭在丧失主要劳动力之后，家庭基本生活能得到基本保障。

(七)确定伤残和职业病等级原则

进行工伤认定是工伤保险赔偿制度的起点，只有确定了职业病和伤残等级，才能更合理地针对不同等级，由工伤保险基金或用人单位支付

工伤保险赔偿。《工伤保险条例》对不同等级的伤残和职业病的赔付金额有详细规定，分级不仅有利于工伤职工及时获得足够的工伤保险赔偿来保证基本生活，而且还能保证用人单位的经济利益，同时避免了工伤保险基金的浪费，为用人单位的继续生产和工伤保险的可持续发展做出贡献。

(八)区别直接经济损失与间接经济损失原则

劳动者发生工伤事故被认定为工伤或者确诊职业病以后，用人单位或工伤保险基金应当予以经济补偿，但是这种经济补偿应该只针对劳动者的直接经济损失，不包括其间接经济损失。

直接经济损失是指劳动者的工资收入上的损失，这种损失会直接影响到劳动者和其亲属的基本生活，补偿直接经济损失有利于给工伤职工提供基本生活保障，必须及时、优厚。而间接经济损失则是劳动者基本经济损失之外的其他经济损失，一般包括兼职收入、额外收入等，并非所有劳动者都有，而且一般也不固定，不具有普遍性也不容易被准确核定，因而不被列入工伤补偿范围。

三、工伤保险赔偿责任的界定

(一)工伤保险赔偿责任的构成要件

从法学理论上说，工伤赔偿责任的界定，应当具备以下几个条件：

1. 劳动者与用人单位之间必须存在劳动关系

工伤保险是用人单位为本单位劳动者缴费，所参加的一种社会保险，因此，工伤保险赔偿责任的前提，是用人单位和劳动者之间必须存在着劳动关系。有劳动关系的劳动者，才有构成工伤事故的可能，没有劳动关系的劳动者，无论受何伤害，都不属工伤事故，不构成工伤事故的保险责任或者赔偿责任。

在我国，根据劳动合同法的规定，劳动关系自用工之日起建立。建立劳动关系，应当签订书面劳动合同。

2. 劳动者必须有人身损害事实

工伤事故的损害事实，是劳动者人身遭受损害的客观事实，不包括财产损害和其他利益的损害。工伤事故的主要侵害对象，是劳动者的生命权和健康权。事故使劳动者致伤或者致残，侵害的是健康权；致死，则侵害的是生命权。在确定工伤待遇的时候，应当进行劳动能力鉴定，并且根据劳动能力鉴定的情况，最终确定工伤赔偿责任的范围，即工伤劳动者应当享受何种工伤待遇。

3. 劳动者的人身损害，必须是在履行工作职责过程中发生的

工伤赔偿责任与雇佣人监督、管理不善使受雇人在执行职务中致他人损害的雇佣责任，是比较相似的，但二者有两点区别：

第一，职工是在履行工作职责中致自己伤亡，而非他人伤亡，这是区别这两种侵权损害赔偿法律关系的原则界限；

第二，在执行职务的要求上，工伤事故的构成要求比雇佣人对外赔偿责任的要求低；根据最高人民法院的司法解释，雇佣责任要求受雇人必须是在执行职务过程中因执行职务的行为致他人以损害，非因执行职务的行为致害他人，不构成此侵权责任；工伤事故也要求劳动者的损害是在履行工作职责中发生，这也是执行职务，但并不要求必须是因其执行职务行为所致，也包括在执行职务过程中因其他原因所致，如：机器故障、他人疏忽等。无论何种原因，只要劳动者在履行工作职责的范围内造成自身损伤，就构成本要件①。

---

① 工伤损害赔偿责任如何确定[EB/OL]. 找法网，201-11-06.

4. 工伤事故与劳动者的人身损害存在因果关系

工伤事故必须是造成劳动者人身损害的原因，这是构成工伤赔偿责任对因果关系要件的要求。

这种因果关系，可以是直接的，也可以是间接的。例如，事故致劳动者身体损伤，没有直接造成死亡的后果，但是劳动者受到伤害之后，被破伤风病毒感染，因而致死，事故与伤害之间具有直接因果关系，与死亡之间具有间接因果关系，应当认定事故与死亡之间具有法律上的因果关系，构成工伤赔偿责任。

(二) 工伤赔偿责任界定的法律规定

工伤认定，是请求工伤保险机构和用人单位进行工伤保险赔偿，享受工伤保险待遇的前提和条件，因此，从某种意义上说，工伤赔偿责任的界定，就是工伤认定的问题。

我国目前立法中，采用了列举的方式，对工伤的认定范围作了明确的规定，具体可以分为三种情形。

第一种是应当认定为工伤的情形，包括：(1)在工作时间和工作场所内，因工作原因受到事故伤害的；(2)工作时间前后在工作场所内，从事与工作有关的预备性或者收尾性工作受到事故伤害的；(3)在工作时间和工作场所内，因履行工作职责受到暴力等意外伤害的；(4)患职业病的；(5)因工外出期间，由于工作原因受到伤害或者发生事故下落不明的；(6)在上下班途中，受到非本人主要责任的交通事故或者城市轨道交通、客运轮渡、火车事故伤害的；(7)法律、行政法规规定应当认定为工伤的其他情形。

第二种是视同工伤的情形，包括：(1)在工作时间和工作岗位，突发疾病死亡或者在48小时之内经抢救无效死亡的；(2)在抢险救灾等维护国家利益、公共利益活动中受到伤害的；(3)职工原在军队服役，因战、因公负伤致残，已取得革命伤残军人证，到用人单位后旧伤复发的。

第三种是不得认定为工伤或者视同工伤的情形：（1）故意犯罪的；（2）醉酒或者吸毒的；（3）自残或者自杀的。

（三）工伤保险赔偿责任界定中的几个问题

经过多年发展，我国工伤保险赔偿责任的相关立法在不断地完善，但是仍然存在着一些争议或者漏洞。

1. 工伤认定的若干问题

如前所述，工伤认定是工伤劳动者获得工伤保险赔偿的前置条件，只有认定为工伤，才能获得工伤保险赔偿。然而在实际操作中，工伤认定存在不少困难。

（1）工伤认定的主体不全面

工伤认定的过程中，首先要确定工伤认定的主体，即认定的对象是否符合《工伤保险条例》的适用范围。

《工伤保险条例》对于工伤劳动者的范围，未做规定。理论上，要求必须是与用人单位建立劳动关系的劳动者。因此，导致有部分人群不能请求工伤保险赔偿。例如，超过了退休年龄，但仍在实际工作的人员，他们属于不能参加工伤保险的"超龄"职工，一旦发生工伤事故，他们的合法权益和应得的工伤补偿很难得到保障。另外，在租赁、承包关系中，若承租人为个人，他们的雇员能否享受工伤保险待遇，雇员在发生工伤事故或者确诊职业病后能否得到工伤补偿也没有明文规定。还有对于拥有多重身份的人员也没有法律的明文规定，如参加实习的在校学生，他们的主要身份是大学生，并不在工伤保险的保障范围内，但实质上他们为企业做出贡献，若发生工伤事故，如何认定也比较困难。

（2）工伤认定的程序复杂

劳动者在遭遇工伤事故后，需要进行工伤认定、劳动能力鉴定或者职业病认定之后才能取得工伤保险赔偿。如果劳动者与用人单位之间对于是否构成工伤有争议的，还会涉及行政复议、行政诉讼及劳动仲裁等程序。实践中，还有不少用人单位在工伤认定的过程中消极处理甚至予以阻拦，导致劳动者不得不为了生计妥协，接受用人单位不合理的条件，放弃工伤赔偿的请求权。工伤认定流程的复杂和认证时间的漫长，也容易加剧用人单位和劳动者之间的矛盾。

（3）举证责任的划分模糊

在我国一般的仲裁和诉讼中，通常采用"谁主张，谁举证"的原则。在工伤认定过程中，如果用人单位和劳动者之间就是否存在劳动关系，是否构成工伤产生争议时，采用这种传统的证据规则就十分不合理，而且实施起来困难很大。因为劳动者是弱势群体，对于工伤事故的发生，无法了解得很清楚，很多特定的情况，需要一定的知识背景或者技术，甚至特定设备才能取证。

2. 劳动能力鉴定的若干问题

（1）劳动能力鉴定的经费问题

《工伤保险条例》规定，劳动能力鉴定的费用应该由工伤保险基金承担。但是在实际操作中，劳动能力鉴定前后包括初次、再次和复查鉴定，同时还允许鉴定的相关主体在鉴定机构出具报告一年以后申请十次复查鉴定，如果针对这么多次鉴定费用都完全由工伤保险基金承担，会导致基金相对匮乏之地区正常范围内基金的滥用，尤其当申请主体存在恶意行为时。

此外，《工伤保险条例》对于劳动能力鉴定费用细则没有做出明确规定，因而在实际操作中，很多费用很难在各地统一，比如能力鉴定时应该请什么级别的专家，以什么标准列入支付等。①

① 向春华，同丹妮. 工伤劳动能力鉴定制度探讨[J]. 现代职业安全，2012（06）.

（2）劳动能力鉴定机构有待明确

《工伤保险条例》第 24 条规定："省、自治区、直辖市劳动能力鉴定委员会和设区的市级劳动能力鉴定委员会分别由省、自治区、直辖市和设区的市级社会保险行政部门、卫生行政部门、工会组织、经办机构代表以及用人单位代表组成。"

然而，实际操作中，这些被列明的部门并不实际参与能力鉴定，实质上是由各地的办事机构具体实施，这些办事机构多半存在地市差异化、机构名称、机构属性、法律地位不明确等问题。

（3）劳动能力鉴定程序需要完善

《工伤保险条例》对于劳动能力鉴定的流程规定比较笼统，并没有做出详细解释。但是如果没有详细的流程规范以及监督流程等制约机制，《工伤保险条例》就无法在基层落实，也就很难保证用人单位和工伤职工的合法权益。

3. 职业病认定的若干问题

职业病是指劳动者因接触粉尘、放射性物质和其他有毒、有害物质等因素而引起的疾病。其特征是在有毒有害的环境下工作所患的疾病。职业病具有法定性，必须是《职业病分类和目录》中列明的疾病。

2013 年 12 月 23 日，国家卫生计生委、人力资源社会保障部、安全监管总局、全国总工会四部门联合印发《职业病分类和目录》。该《分类和目录》将职业病分为职业性尘肺病及其他呼吸系统疾病、职业性皮肤病、职业性眼病、职业性耳鼻喉口腔疾病、职业性化学中毒、物理因素所致职业病、职业性放射性疾病、职业性传染病、职业性肿瘤、其他职业病 10 类 132 种。

随着我国经济的不断发展，我国患职业病的人数急剧上升，每年工伤保险理赔中职业病的补偿比例也在不断加大。但是，不同于工伤事故，职业病本身的特点导致在工伤保险赔偿过程中存在不少问题。

（1）职业病具有很大的隐蔽性

职业病往往是慢性疾病，尤其是在职业病中占比较大的尘肺病和中毒，在初期很难发现，等发现时已给劳动者带来巨大痛苦。这种情况下针对职业病更多只能从源头上或者环境上进行预防。

（2）职业病举证难

对于职业病的认定，程序较为复杂，且需要提供大量证据证明和资料，其中有不少资料还需要用人单位配合提供。但是用人单位经常为避免工伤赔偿，会拒绝配合，从而导致职业病患者很难得到职业病诊断书。资料的繁杂和程序的冗长为劳动者的职业病认定设置了重重障碍。

（3）职业病鉴定时间较长

《职业病鉴定与管理办法》要求："省级卫生行政部门收到申请材料后，应当在五个工作日内做出是否受理的决定"。

材料被受理的，主管部门应通过专家组技术评审出具评审报告，被组织的专家应当在受理申请之日起60日完成评审，并且对该报告负法律责任；不受理的则应以书面形式通知单位，并说明理由。而对于技术评审报告，第九条规定主管行政部门的响应时间是20个工作日。报告被批准的，主管部门出具职业病诊断机构批准证书，不批准的，主管部门书面通知申请单位并说明理由。职业病诊断机构批准证书有效期限为五年。

上述条文没有明确规定具体日期，给的是时间范围，同时最长时长长达60个工作日，且两部分等待时间还不能叠加。过长的等待鉴定时间致使患病者得不到及时有效地救助。

4."过劳死"工伤认定的问题

"过劳死"是指一种因过度劳累工作，导致猝死的生命现象，是一个社会医学名词。这一词近年来成为网络热点，在北上广深这种工作节奏快、工作压力大的地区，"过劳死"的情况越来越多，"过劳死"能否算工伤，也引发了极大的关注和讨论。

（1）"过劳死"的现状

根据《劳动法》的规定，用人单位应当保证劳动者每周至少休息一天，劳动者每天工作时间不得超过 8 小时。如果用人单位由于生产经营需要，经与工会和劳动者协商后可以延长工作时间，一般每日不得超过一小时；因特殊原因需要延长工作时间的，在保障劳动者身体健康的条件下延长工作时间每日不得超过三小时，但是每月不得超过 36 小时。

虽然说法律如此规定，而且明显应属于强制性规定，但是实践中，在利益驱使下，各行业各用人单位额外加班的现象很常见，甚至一些互联网企业工作"996"也是常态。

《工伤保险条例》第 15 条将"在工作时间和工作岗位，突发疾病死亡或者在 48 小时之内经抢救无效死亡的"，视同工伤。如果员工的猝死是发生在工作单位，或者工作时间的，能够认定工伤，那么居家办公的人员呢？在家隐形加班的人员的猝死，按照法律规定，是在离开工作岗位 48 小时之后发生的，就不属于"视同工伤"了，这明显就略失公平。

因而是否认定为工伤，除了考虑时间、地点外，还更应追根溯源，考虑疾病的产生、发作的原因是否与工作高度相关，但我国现行法律目前没有相关的具体规定，在这一点上亟待完善。

（2）"过劳死"认定为工伤的难点

"过劳死"无法得到法律救济的主要原因还是在于劳动者举证困难。在用人单位安排劳动者高强度加班时，在同样的工作环境、同样的工作时长里，不同劳动者的反应是不同的。基于个人身体健康不同，往往产生疾病问题的仅占少数。虽然在医学认定上，如何证明劳动者的死亡或者伤病与之前的高强度违法加班存在相关性是十分困难的，但是由于司法认定不同于医学认定，法律上对于因果关系的判断还应考虑到日常生活经验，在法律因果关系确认的前提条件下，再来认定"过劳"现象与工伤的关系。

在实践中，法律法规应为劳动部门设定如何量化"工作强度过大或者连续工作时间过长"。在日本,《职业引起的心脑血管疾病认定指引》中,对于"过重负荷"引发的疾病,认定为职灾并予以保险赔付,并且对"过重负荷"进行了详细规定,包括发病前一天的"异常事件",前一周的短时间"过重负荷"以及长时间"过重负荷",指引规定,在一个月内加班时数超过 100 小时,或者 2~6 个月平均每月超过 80 小时或者其他工时外的负荷都属于长时间的过重负荷①。在德国,则主要是考虑劳动者的身体承受能力,如果在死亡或者疾病发生之前,劳动者的工作紧张程度超过了劳动者的身体承受能力,则认定两者之间存在因果,死亡或者疾病被认定为工伤,劳动者能够得到工伤保险赔付。

参照他国法律规定,可以认为,判断"过劳死"是否为工伤的难点,是高强度工作与死亡之间的因果关系的认定,解决这一问题,应该将标准量化写入法条中以便用人单位和劳动者进行参考。

5. 劳务派遣的工伤保险问题

劳务派遣作为灵活用工方式,是劳动合同用工的补充形式。两者之间有很大区别,相应的工伤保险赔偿责任也有一定的特殊要求。

根据《最高人民法院关于审理工伤保险行政案件若干问题的规定》,劳务派遣单位需要为被派遣职工在派遣期间在用工单位的工作期间的死亡负责,并应该承担相应的工伤保险责任。但是因为在劳务派遣中用人单位和用工单位是分离的,故劳务派遣中的工伤保险的责任与一般劳动合同工不同。

(1)工伤、职业病防护

《劳务派遣暂行办法》第 8 条规定,劳务派遣单位应当按照国家规定和劳务派遣协议约定,依法为被派遣劳动者缴纳社会保险费,并办理社会保险相关手续;督促用工单位依法为被派遣劳动者提供劳动保护和

①　施嫣然."过劳死"认定工伤的困境[J].职业法律天地,2017(07).

劳动安全卫生条件;

而在实际操作中，应该由用工单位对被派遣劳动者提供劳动防护并进行相关的岗位安全培训。

（2）保险费的缴纳

根据《劳务派遣暂行办法》和《劳动合同法》综合规定，劳务派遣中被派遣劳动者的工伤保险费用由用人单位提供，由用工单位负责缴纳。

（3）工伤认定。

劳务派遣中被派遣劳动者的工伤认定应由用人单位提出，用工单位协助调查。例如在申请职业病认定时，用工单位除了负责职业病诊断的相关事宜，其他的均由用人单位提供。

（4）工伤救治。

当职工发生工伤时，由于劳务派遣中用人单位用工单位的分离，从道德上看，用工单位应该提供紧急救治。但是由于按照《工伤保险条例》规定该责任应由用人单位承担，所以除紧急治疗外其他后续治疗应由用人单位负责，并且之前救治费用也理应由用工单位向用人单位追偿。

（5）劳务派遣工伤认定的管辖权问题

当劳务派遣单位注册地和用工单位的生产经营地在同一个统筹地区时，根据《关于执行〈工伤保险条例〉若干问题的意见（二）》，应在生产经营地进行工伤认定，并由用人单位支付待遇。

对于劳务派遣单位存在跨统筹区域问题的，应在用工地点为被派遣职工参保。如果派遣机构在用工地有分支机构的，由该分支机构为被派遣人员缴纳保费，未设立分支机构的，由用工单位代为缴费。

但是由于用工单位的流动性而导致被派遣劳动者不能在实际工作地点参加工伤保险的，发生了工伤事故的，存在矛盾：《工伤保险条例》要求在用人单位所在地申请工伤认定，而《劳务派遣暂行规定》则建议在用工地进行工伤保险赔偿。

四、工伤保险赔偿责任的划分

工伤保险赔偿责任的划分，是指应当由谁来承担赔偿责任的问题，即谁是责任主体的问题。对此，需要根据用人单位是否参加工伤保险，是否按时履行缴费义务的情况而定

（一）用人单位参加工伤保险的情况

简单地说，只要用人单按时位缴纳工伤保险费，用人单位和劳动者的利益就受到工伤保险的保护。

根据《工伤保险条例》第 30 条规定，符合工伤保险诊疗项目目录、工伤保险住院服务标准、工伤保险药品目录的治疗工伤所需要的费用可以由工伤保险金承担。符合规定的，在签订了服务协议的医疗机构进行的工伤劳动者工伤康复，其费用也能由工伤保险基金承担。

另外，经过劳动能力鉴定委员会确认，配置轮椅、安装假肢、假眼、矫形器、加压等辅助器具，用以解决工伤职工日常生活或者就业需要的费用，也由工伤保险基金支出，标准由《工伤保险条例》制定。如果工伤劳动者认定伤残等级后，被劳动能力鉴定委员会判定为需要日常护理的，生活护理费由应从工伤保险基金支出。

第 35 条规定："职工因工致残被鉴定为一级至四级伤残的，保留劳动关系，退出工作岗位，享受以下待遇：

（1）从工伤保险基金按伤残等级支付一次性伤残补助金，标准为：一级伤残为 27 个月的本人工资，二级伤残为 25 个月的本人工资，三级伤残为 23 个月的本人工资，四级伤残为 21 个月的本人工资。

（2）从工伤保险基金按月支付伤残津贴，标准为：一级伤残为本人工资的 90%，二级伤残为本人工资的 85%，三级伤残为本人工资的 80%，四级伤残为本人工资的 75%。伤残津贴实际金额低于当地最低工资标准的，由工伤保险基金补足差额。

（3）工伤职工达到退休年龄并办理退休手续后，停发伤残津贴，按照国家规定享受基本养老保险待遇，基本养老保险待遇低于伤残津贴的，由工伤保险基金补足差额。"第36条和第37条要求用人单位对伤残等级五级至十级的因工伤致残职工支付一次性伤残补助金；若职工主动提出解除或终止劳动合同的，则由工伤保险基金支付一次性工伤医疗补助金。第39条则要求工伤保险基金向死亡职工亲属支付一次性工亡补助金、丧葬补助金和供养亲属抚恤金。

有工伤保险帮助分摊风险的情况下，用人单位需要承担的工伤赔偿责任是有限的，且大部分是按月支付的费用。包括：

1. 当员工因遭遇工伤事故或者患职业病后需要停止工作进行医疗救助的，在停薪留职期间，用人单位需按月支付原工资福利待遇。对于生活无法自理人员的额外费用，也需有用人单位承担。

2. 职工因工伤致残的，且伤残等级为一至四级的，由用人单位和个人以伤残津贴为基数缴纳基本医疗保险。

3. 对于伤残等级为五级至十级的因工致残职工，《工伤保险条例》规定："保留与用人单位的劳动关系，由用人单位安排适当工作。难以安排工作的，由用人单位按月发给伤残津贴，并由用人单位按照规定为其缴纳应缴纳的各项社会保险费。伤残津贴实际金额低于当地最低工资标准的，由用人单位补足差额。经工伤职工本人提出，该职工可以与用人单位解除或者终止劳动关系，由用人单位支付一次性伤残就业补助金。"

（二）用人单位没有参加工伤保险的情况

《工伤保险条例》第62条规定，用人单位依法应当参加工伤保险，但是当用人单位未按照规定参加工伤保险的，其职工在发生工伤时也应享受工伤保险待遇，且工伤保险待遇项目和费用的支付标准与参加了工伤保险的职工的相同。《职业病防治法》第59条规定，无论用人单位是否依法参加了工伤保险，只要劳动者被诊断患有职业病，劳动者就应享受工伤保险待遇，其医疗和生活保障由用人单位承担。

用人单位往往是出于经济因素考虑，为节省企业成本才不参加工伤保险，而当工伤事故发生或者确诊职业病时，这些不履行参加工伤保险法定义务的用人单位除了支付本应承担的赔偿外，额外还需承担本由工伤保险基金承担的工伤保险赔偿。

《工伤保险条例》和《中华人民共和国职业病防治法》的相关规定实质上是一种惩罚性补偿，一方面保证工伤职工的合法权益不受侵害，另一方面也对用人单位不履行法定义务的行为予以惩罚。

(三) 几种特殊情况下的工伤赔偿责任

1. 用人单位分立、合并、转让

《民法通则》第44条规定"企业法人分立、合并或者有其他重要事项变更，应当向登记机关办理登记并公告。企业法人分立、合并，它的权利和义务由变更后的法人享有和承担。"

《工伤保险条例》第43条规定："用人单位分立、合并、转让的，承继单位应当承担原用人单位的工伤保险责任；原用人单位已经参加工伤保险的，承继单位应当到当地经办机构办理工伤保险变更登记。"

无论是签订还是未签订劳动合同，只要用工就建立劳动关系，在劳动关系存续期间遭遇工伤事故或患职业病的，均依法享有工伤保险待遇，不受用人单位存在形式的变化而影响。

2. 用人单位实行承包经营

《工伤保险条例》第43条规定，属于承包经营的用人单位，应当承担与其存在劳动关系的所有职工的工伤保险责任。

具体来说，如果劳动者与发包、出租单位签订劳动合同，并在合同有效期内到承包承租单位工作的，由发包、出租单位承担工伤保险责任；如果职工与承包、承租单位签订劳动合同或者发生事实劳务关系

的，职工的工伤保险责任由承包、承租单位承担；当承租、承包单位为自然人时，其本人的工伤保险责任由自己承担，其雇员的工伤保险责任则有发包、出租单位承担。另外，如果用人单位承包、承租经营，如果实际的承包承租合同无效，雇员的工伤保险责任则由发包、出租单位承担。

3. 职工被借调期间受到工伤事故伤害

《工伤保险条例》第43条规定，职工在被借调期间受到工伤事故伤害，认定工伤或者确诊职业病时，工伤保险责任应由原用人单位承担。原用人单位则可在借调时与借调单位约定补偿办法，以减少纠纷。

旧的条例曾对该种情况做出规定，要求借调人员的工伤保险补偿责任是由借调单位承担，但是新的条例做出修改。

主要是从以下两个方面考虑：

一是劳动关系，被借调职工的劳动关系仍在原用人单位，其工伤保险费仍应由原用人单位缴纳，由原用人单位承担工伤保险责任，故发生工伤事故或者患职业病时，工伤职工的工伤补偿应由工伤保险基金和原单位共同承担；

二是工伤职工在进行工伤认定或者职业病鉴定的时候需要提供的资料仍在原用人单位保管，如果工伤保险赔偿责任由借调单位承担，不利于用人单位的举证。因而，为更好地保障工伤职工的合法权益，新的工伤保险条例对该种情况的法律规定做出调整。同时为了公平起见，也为了维护原用人单位的经济利益，法律保留了原用人单位向借调单位追偿的权利，用人单位可以在借调前后就工伤保险赔偿事宜达成约定，在原用人单位承担工伤赔偿责任之后向借调单位要求补偿。

4. 处于特殊状态的用人单位

用人单位是无照经营的、未登记备案的、被依法吊销营业执照的、撤销备案登记的、破产解散的，其职工遭遇工伤事故或者患职业病的，用人单位必须向伤残职工或者死亡职工家属支付一次性赔偿，并且赔偿金额不得低于正常的工伤保险待遇。

5. 劳动者与用人单位解除或终止劳动合同

劳动者解除或终止劳动合同后发现工伤或确诊职业病的，若能证明引发工伤或职业病的原因是在劳动合同存续期间发生的，工伤职工的工伤保险责任仍应由原用人单位承担。

(四) 私了的工伤赔偿协议的效力问题

私了的工伤赔偿协议，是指劳动者在工伤事故发生之后，或者确诊职业病之后，经与用人单位私下协商达成的解决劳动者工伤保险赔偿责任的协议。与一般的人民调解协议性质不同，私了的工伤协议的中间人是不包括组织的个人，一般是主动参加双方争议或者受邀参加。①

劳动者在发生工伤事故或者确诊职业病之后，与用人单位以私了方式解决工伤赔偿是经常发生的一件事，其中规定的工伤待遇明显比依据《工伤保险条例》确定的赔偿要低很多，因而无法维护工伤职工的合法权益。

虽然因私了协议产生的纠纷不少，但其仍在劳动者和用人单位之间存在，究其原因，包括以下几个方面：

1. 用人单位试图逃避《工伤保险条例》所要求的法律责任，不愿意缴纳工伤保险费，也不愿意承担工伤赔偿责任，因而会有用人单位强迫或者使用其他手段要求工伤职工放弃应有的权利和部分应得的工伤保险待遇；

2. 劳动者法律意识淡薄，没有充分了解到自己在工伤事故后可以享受到的工伤保险待遇，或处于经济困难急需赔偿金，或贪一时的方

---

① 王霞. 试论私了的工伤协议是否具有法律效力[J]. 劳动保障世界(理论版)，2012(05).

便，与用人单位签订私了的工伤赔偿协议；

3. 依照《工伤保险条例》申请工伤保险赔偿的程序较为复杂，前置条件为工伤认定或者职业病认定，然后进行劳动能力鉴定，在对结果不满时还要劳动仲裁、行政诉讼等多个步骤，耗时耗力，劳动者容易被时间和精力束缚转而与用人单位私了。

私了的工伤赔偿协议是否具有法律效力，应当如何认定，一般有以下几种观点：

1. 私了工伤赔偿协议无效

《工伤保险条例》旨在维护劳动者的合法权益，使工伤劳动者在遭遇工伤后受到的各项损失，能够得到赔偿。而私了的工伤协议往往金额较低，一般弥补不了工伤劳动者的工伤损伤。当劳动者向劳动保障部门或者用人单位提出不满，要求按照《工伤保险条例》全面享受工伤保险待遇时，法院应当认定用人单位与劳动者之间达成的私了协议无效。

2. 私了工伤赔偿协议有效

《劳动法》第77条规定："用人单位与劳动者发生劳动争议，当事人可以依法申请调解、仲裁、提起诉讼，也可以协商解决。"既然劳动法规定用人单位和劳动者的劳动争议可以通过协商方式解决，那么工伤事故发生后，两者以私了的方式签订工伤赔偿协议也是可行的。

然而在实践中，并不能简单地说私了协议有效或者无效。简单地判定私了协议无效，无视了双方的意愿，不利于矛盾的解除；而单纯地判定私了工伤赔偿协议有效，则有可能损害劳动者合法权益，不利于社会稳定。

发生工伤事故后，对于工伤劳动者而言一般有两种解决方式：工伤职工参加了工伤保险的，他们的工伤保险赔偿可以由工伤保险基金承担，属于公权性质；就业补助金和伤残津贴等有用人单位承担的赔偿属于私权性质。在这种情形下，工伤认定是工伤保险赔偿支付的前提条件。另一方面，当工伤劳动者未参加工伤保险时，所有的工伤赔偿责任均由用人单位承担，这是私权性质。用人单位和工伤职工就工伤达成一致，签订私了协议也是属于私权性质。在这种情况下，工伤认定并不是必要条件。因而可以推断出，工伤职工和用人单位签订私了的工伤协议并不需要以工伤认定为前提条件。①

对于工伤事故的发生，用人单位有及时上报的义务，当用人单位未履行该义务时，属于违反了劳动行政管理条款，行政管理部门可依据有关行政法规对该行为进行行政处罚。但是对于工伤事故的补偿，法律并没有明文规定一定要有行政主管部门或者社会保险经办机构主持，而且没有明令禁止用人单位进行私了。因而，工伤事故涉及双方签订的私了工伤协议并没有违反国家强制性规定，相反《劳动法》等法律法规支持劳动争议双方通过协商解决争议。

《合同法》第54条规定，如果合同是因重大误解订立的，或者是在显示公平条件下签订的，则当事人一方有权向人民法院或劳动仲裁机构申请，请求变更或者撤销合同。如一方以欺诈、胁迫的手段或者乘人之危，即使合同签订成功，但因受害人可能并未真实表达自己意愿，受损害方有权请求人民法院或者仲裁机构变更或者撤销。但是同一情形中，当事人即加害人请求变更的合同，人民法院或者仲裁机构不能撤销。

根据该项规定，工伤劳动者与用人单位签订了私了协议，并从用人单位处获得了工伤赔偿，但是当工伤职工所获得的各种赔偿金总额远低于《工伤保险条例》规定的工伤保险待遇时，劳动者可以通过法律诉讼形式请求用人单位补足赔偿金额。但如果用人单位给付给劳动者的工伤补偿高于其应得的补偿金额，也无法要求劳动者退回。

综上所述，当工伤劳动者和用人单位在已合法上报工伤事故后，双方达成一致，自愿达成私了工伤协议的，协议应当合法有效；当用人单

---

① 王霞. 试论私了的工伤协议是否具有法律效力[J]. 劳动保障世界（理论版），2012(05).

位违反国家规定，是为了躲避应尽责任，在非平等环境及有损工伤职工合法权益的签订下，双方签订私了工伤协议的，协议无效；当用人单位与工伤职工签订私了协议，但是协议约定金额低于工伤职工应享有的工伤保险待遇时，工伤职工有权向用人单位请求追加赔偿。①

五、工伤保险赔偿责任与民事赔偿责任竞合的问题

随着经济的高度发展，各类工伤事故频频发。事故类型的多样化，导致某些工伤纠纷不是仅有单纯的一个劳动法律关系，同时还涉及第三方责任在内的双重或多重法律关系，② 即工伤保险赔偿责任与民事赔偿责任竞合的问题。

对于这类工伤纠纷案件，受到损害的劳动者应该如何救济，竞合的赔偿请求权应该如何选择，能否兼得？对于这些问题，在目前的法学理论上众说纷纭，在司法实践中也因法律规定不明，各地法院的实际处理也是不相统一。

(一) 工伤赔偿责任与民事赔偿责任竞合的法定情形

根据《工伤保险条例》第 14 条的规定，实践中，涉及工伤保险赔偿责任与民事赔偿责任竞合的情形，有三种情况：

1. 劳动者在工作时间和工作场所内，因履行工作职责受到暴力等意外伤害的。这种情形中，劳动者受伤，应当认定为工伤，可以获得工伤保险赔偿；另一方面，暴力侵害人因为暴力行为致劳动者受到伤害，构成侵权，可以请求民事侵权损害赔偿，于是出现了竞合的问题。

2. 劳动者因工外出期间，由于工作原因受到伤害或者发生事故下

---

① 王霞. 试论私了的工伤协议是否具有法律效力[J]. 劳动保障世界(理论版)，2012(05).

② 浅谈工伤保险赔偿与人身损害赔偿的竞合效力[EB/OL]. 华律网，www.66law. cn/laws/94824. aspx.

落不明的。这种情形中，劳动者受到伤害的侵害人以及发生事故的事故责任人等，都应当依法对受害劳动者进行民事赔偿，因此与工伤赔偿产生竞合。比如说著名的马航失踪案件，当时飞机上有一些乘客，是因为工作出差的缘故，才搭乘了此趟班机。飞机出事，至今下落不明，从法律责任上来讲，乘客与马来西亚航空公司是运输合同关系，可以请求违约的人身和财产损害赔偿；同时，还可以就产品质量问题，向飞机制造商美国波音公司，请求产品缺陷的侵权损害赔偿；如果失事乘客购买了航空意外险的，还可以向保险公司请求商业保险合同的赔偿；最后加上工伤保险赔偿。在此案例中，围绕着失事乘客下落不明的损害后果，同时存在着四种法律关系、四个赔偿请求权。

3. 劳动者在上下班途中，受到非本人主要责任的交通事故或者城市轨道交通、客运轮渡、火车事故伤害的。

这种情形的工伤事故，在实践中是数量最多的，一旦工伤保险赔偿责任与交通事故肇事责任人的侵权损害赔偿责任产生竞合，对于劳动者来说，该如何救济，显得尤为重要。

(二) 工伤保险赔偿责任与民事赔偿责任的比较分析

1. 工伤保险赔偿责任与民事赔偿责任的性质和内涵

工伤保险是用人单位依法向社会保险机构缴纳一定金额的工伤保险费，社会保险机构对劳动者的工伤事故和职业病进行必要的经济补偿的一种社会保障制度。而工伤事故中的民事侵权赔偿则是指劳动者作为受害人，在工作中因为侵权行为人身权遭受侵害时，可依据《侵权行为法》及相关的司法解释，要求侵权行为人赔偿损失。两者虽都属于经济补偿，但是补偿主体和所依赖的法律均不同。

工伤保险的立法宗旨在于保护工伤职工合法权益，维护行业稳定，平衡社会整体利益，促进社会公平、稳定和谐地发展。而民事侵权赔偿一方面是弥补被侵权人的合法权益，另一方面是要求侵权人承担相应的民事法律责任。

在我国《工伤保险条例》出台之前，工伤事故和职业病的赔付方式主要是通过侵权损害赔偿的方式进行，而现行的工伤保险赔偿就是由传统的侵权损害赔偿演绎而来。

相较于传统的侵权损害赔偿，工伤保险赔偿制度无需繁杂的诉讼流程，赔偿更为及时、便利，大大节约了工伤保险基金、用人单位及工伤职工的人力物力财力。然而新政策的实施中也暴露了一些不足之处：

（1）工伤保险条例中规定的赔偿数额比较小，往往很难覆盖工伤职工基本生活所需要的费用，难以对劳动者的身心损害进行安抚。

（2）工伤保险遵循无过错赔偿原则，无论在保险事故中用人单位有无责任，责任是大还是小，最终由用人单位承担的工伤保险赔偿基本相当，无法实现对应在工伤事故中承担主要责任的用人单位的惩戒作用。

（3）如果工伤事故是由第三人的侵权行为导致的，根据现行工伤保险条例按照工伤保险赔偿来进行经济救济，一是难以弥补被侵权劳动者的损失，二是无法对侵权行为人依法进行惩罚。[1]

2. 归责原则的区别

工伤保险遵循的是"无过错责任"原则，只要劳动者并非故意导致伤害，在工伤事故或职业病确诊后，都应按照国家法律规定的标准得到工伤保险责任赔偿，完全不用考虑用人单位是否是过错方。举证时基本只用在事实举证环节如实告知事故发生的事实即可。

根据我国侵权责任法规定，人身损害赔偿遵循的是"过错责任归则"原则，主要实行的是"谁主张，谁举证"的举证归则，因此举证环节主要有工伤职工承担举证责任。[2]

---

[1] 雷苗苗. 工伤保险与侵权损害体系研究[EB/OL]. 公务员期刊. https://www.21ks.net/lunwen/gsbxyjlw/128831. html.

[2] 雷苗苗. 工伤保险与侵权损害体系研究[EB/OL]. 公务员期刊. https://www.21ks.net/lunwen/gsbxyjlw/128831. html.

3. 赔偿标准的影响因素不同

工伤保险是社会保险的重要组成部分，主要是保障劳动者的最低生活和医疗支出，补偿金额有限，且受影响的因素除了与个人相关的直接经济损失、原工资水平和劳动者的伤残及职业病等级外，更多的是宏观因素，包括统筹地区经济发展水平、上一年度全国城镇居民人均可支配收入、当地医疗消费水平等，工伤保险赔偿待遇具有动态调整性。

而民事侵权责任损害赔偿旨在恢复侵权受害人在侵权行为发生前的状态，法院在判决时通常会考虑未来具体赔偿的必要支出以及侵权人是否能够完全承担侵权责任，同时最终的补偿会因法官的个人偏好略微有所不同，相对于工伤保险赔偿而言更具有不确定性。

4. 时效的区别

《工伤保险条例》认为用人单位与职工之间发生的关于待遇问题的争议，应该比照劳动争议的处理方式处理。《劳动争议调解仲裁法》第27条对劳动争议申请仲裁的时效期间判定为一年。《民法总则》则规定向人民法院请求保护民事权利的诉讼时效期间为三年。

工伤保险申请劳动仲裁的时效与民法里的诉讼时效略有不同，前者要求用人单位或者工伤职工必须先完成劳动争议仲裁，并在对仲裁书的结果不认可的情况下才能到法院进行诉讼；而人身损害赔偿诉讼的三年时效属于民法规定的时效，旨在敦促侵权行为受害人及时行使诉讼权来保障自己合法权益，一旦超过三年的时效，受侵害主体可能丧失法律保护。

(三) 对工伤赔偿责任与民事赔偿责任竞合的处理模式

对此问题，世界各国的做法，概括起来总共有四种处理模式：

第一，工伤保险赔偿取代民事损害赔偿；第二，受害人可以同时获得工伤保险赔偿和民事损害赔偿，但劳动者个人需交纳高额保险费；第三，受害人可以选择获得工伤保险赔偿或者民事损害赔偿；第四，民事损害赔偿与保险待遇实行差额互补。

这四种处理模式，被称为替代模式、兼得模式、选择模式和补充模式。①

1. 替代模式

替代模式。替代模式也叫"取代责任模式"，该模式主张以工伤保险赔偿完全取代民事损害赔偿，目前，德国、瑞士、挪威、法国、新西兰等国采用该种模式。

《德国国家保险法》第 636 条规定："因劳动灾害而受损害者，仅得请领伤害保险给付，不得向雇主依侵权行为法的规定请求损害赔偿。工伤者无选择权，必须服从国家的强制性规定。"

在新西兰，"根据《事故补偿法》的要求，新西兰设立了三个基金，即劳动者补偿基金、机动车事故补偿基金和补充补偿基金。工伤事故的受害者只能从劳动者补偿基金中获得补偿，不得再向雇主或其他侵害者提出赔偿诉讼"。

替代模式最大的优点是高效。其无须诉讼、直接拨付的特点，充分发挥了工伤保险快速支付，对受害人进行补偿的优越性，流程相对简单，减少诉讼成本，有效避免劳资纠纷；遵循无过错保险责任原则，受害人只需对事故发生的事实进行举证即可，无需承当较重的举证责任；实行社会统筹管理，较好地分散了工伤风险，对于企业生存、行业发展和社会稳定都有积极作用。

但是，替代模式的缺点也是显而易见的。首先，适用替代模式的前提条件是"工伤保险给付水平足够高"，目前在实践中适用替代模式的国家，也都是经济发展水平高，社会福利好的发达国家这与我国现在的实际情况是不相符的。

---

① 管澄伟. 工伤保险赔偿与民事损害赔偿竞合的处理[J]. 唯实，2014(03).

其次，工伤保险的性质决定了其不能完全涵盖劳动者所遭受的损失，以精神损害赔偿为例。采取替代模式等于剥夺了劳动者完全填补自身损害的机会。

再次，工伤保险制度虽然分摊了用人单位的风险，但是这也可能造成用人单位在缴纳了工伤保险资金之后，采取对工伤放任的态度。

最后，替代模式放弃了对民事侵权责任人的追偿，是对民事侵权行为的纵容，不仅违背了法律的公平性，还会产生消极的社会影响。

2. 选择模式

选择模式是指劳动者在工伤事故发生后或者确诊职业病之后，只能在工伤保险赔偿和民事侵权赔偿中选择一种赔偿方式，不能两者兼得。这种选择，包括两层含义：其一是劳动者有自主选择救济途径的权利；其二是这两种救济途径是相互排斥的，劳动者只能选择其中一种。[1] 英国和一些英联邦国家在早期的雇员赔偿法中曾采取这种模式，但后来被废止。

实践中，如果劳动者有充分证据证明用人单位对工伤事故和职业病有过错，即可选择侵权损害赔偿；如果没有证据，则选择工伤保险赔偿。

选择模式充分保障了劳动者的自主选择权，但是却未必是对劳动者最好的保护。因为民事侵权赔偿常常要经历较长的诉讼过程，并且面临举证不能、执行不能等风险，所以，一般情况下，对于遭遇工伤致残、确诊职业病的工伤职工或者工伤致死职工的亲属而言，为了早日拿到赔偿金，来维持医疗和基本生活，多会选择赔偿速度更快但金额更少的工伤保险补偿。如此一来，"这种模式实质上剥夺了工伤事故受害人在侵权行为法上的救济权"。[2]

---

① 管澄伟. 工伤保险赔偿与民事损害赔偿竞合的处理[J]. 唯实, 2014(03).

② 曹险峰. 工伤保险与侵权损害赔偿责任适用关系问题研究[D]. 望江法学, 2008.

3. 兼得模式

兼得模式，又叫双重救济模式，是指劳动者在遭受工伤事故或确诊职业病后，既可以申请工伤保险赔偿，也可以同时主张民事损害赔偿。采取兼得模式的国家很少，主要的代表是英国。

根据英国 1948 年实施的国民保险法，被害人受领侵权行为损害赔偿时，仅需扣除五年内劳工伤害及残废给付之 50%。也就是说，被害人除侵权行为损害赔偿外，还可以请领五年内伤害及残废给付之半数。但是，英国在随后的修法中，有采取补充模式的趋势。英国议会颁布的《1997 年社会保障(恢复补贴)法》规定在一定条件下社会保障补贴应该从民事赔偿中扣除。

这种模式的最大优点，就是可以获得双份赔偿，从而最大限度地保护劳动者的权益。

但是，兼得模式的缺点也十分明显：(1)在此模式下，用人单位除了要承担工伤保险费用、工伤保险赔偿中应承担的部分以外，可能还要因为侵权行为承担民事侵权赔偿。这不仅加重了用人单位的负担，违背了通过工伤保险分担用人单位用工风险的初衷，还会极大地挫伤用人单位缴纳工伤保险的积极性，不利于工伤保险事业的发展。

(2)违背了"不应获得意外收益"原则，工伤职工在主张民事侵权赔偿和工伤保险赔偿时，如果获得批准，赔偿总额有可能会超过其损失，即得到超额赔偿，容易诱发劳动者请求赔偿的道德风险。①

4. 补充模式

补充模式，是指劳动者在遭受工伤事故或确诊职业病后，可以同时主张工伤保险赔偿和民事损害赔偿，但是从两种赔偿中所得的金额，不

---

① 曹险峰. 工伤保险与侵权损害赔偿责任适用关系问题研究[D]. 望江法学，2008.

得超过劳动者实际受到的损失。

补偿模式建立在两项基本原则之上：一是抵消，即被害人于受领工伤保险赔偿之后，仍然可以主张侵权行为的损害赔偿，但应扣除其已领得的工伤保险赔偿，一方面避免双份补偿，另一方面使得被害人可以获得每一种救济途径所能给予的最大利益；二是求偿，即保险人在保险给付之后，得对加害人求偿①。

采取补偿模式的国家，主要有日本、智利以及北欧的一些国家。以日本为例，日本的工伤补偿制度不是排他性的，受伤的劳动者既可以提出成文法规定的补偿利益，也可以根据民事责任提出赔偿要求，只要这些赔偿的要求未被成文法补偿制度所覆盖。

补充模式，一方面避免了劳动者从工伤事故获利的可能，减轻了用人单位的负担；另一方面又使得劳动者的损失能够得到完整的补偿，因此显得更为严密，更符合公平正义的法律精神。

(四) 工伤赔偿与民事赔偿竞合的立法和司法实践情况

1. 我国的立法情况

中华人民共和国成立后，我国企业以国营企业为主、集体企业为辅。20 世纪 50 年代开始，我国开始实行单一的工伤保险赔偿模式，即劳动者在发生工伤事故或者诊断职业病后，只能申请劳动保险的救济，当时相关的民事侵权赔偿责任没有法律支撑。

改革开放之后，各种混合所有制企业、私营企业和个体工商户开始蓬勃发展，而且国营企业和集体企业开始改制，实行了所有权和经营权的分离，社会经济形态发生了巨大变化。

1996 年，原劳动部颁发《企业职工工伤保险试行办法》，对过去单一的工伤保险赔偿制度进行的变革。

---

① 管澄伟 . 工伤保险赔偿与民事损害赔偿竞合的处理[J]. 唯实，2014(03).

《企业职工工伤保险试行办法》第 28 条规定："由于交通事故引起的工伤，应当首先按照《道路交通事故处理办法》及有关规定处理。交通事故赔偿已给付了的部分，企业或者工伤保险经办机构不再支付，而且规定企业或者工伤保险经办机构先期垫付有关费用的，职工或其亲属获得交通事故赔偿后应当予以偿还。但交通事故赔偿给付的死亡补偿费或者残疾生活补助费低于工伤保险的一次性工亡补助金或者一次性伤残补助金的，由企业或者工伤保险经办机构补足差额部分。"

该规定实质上主张，因第三人侵权引起的工伤不能获得双重赔偿。根据该规定，当时我国的工伤赔偿采用"差额互补"原则，即工伤赔偿与民事赔偿要求民事侵权赔偿在先、工伤保险赔偿对其进行补充，以求最大化的弥补了工伤职工的损失。

2002 年颁布实施的《中华人民共和国职业病防治法》第 52 条规定：职业病病人除依法享有工伤社会保险外，依照有关民事法律，尚有获得赔偿的权利的，有权向用人单位提出赔偿要求。同年颁布的《安全生产法》第 48 条也规定：因生产安全受到损失的从业人员，除依法享有工伤保险外，依照民事法律尚有获得赔偿的权利的，有权向本单位提出赔偿要求。该规定明确提出工伤职工除依法享有工伤保险外，还能享有民事侵权赔偿请求权。

上述《职业病防治法》《安全生产法》所规定的"双重赔偿"虽然与本文所讲的工伤保险赔付与民事侵权损害赔偿"双重赔偿"在内涵与外延上均有所区别，但从立法的发展观上看，则体现了工伤保险赔付与民事侵权损害赔偿"可双重赔偿"的立法意图。

2004 年 1 月 1 日，国务院颁布了《工伤保险条例》，正式取代《企业职工工伤保险试行办法》。根据《工伤保险条例》的规定，中华人民共和国境内的各类企业的职工和个体工伤户的雇工，均有享受工伤保险待遇的权利。《工伤保险条例》明确取消了关于"取得了交通事故赔偿，就不再支付相应工伤待遇"的相关规定，但是并未对第三人侵权行为造成工伤的情形做明确规定。

有学者认为，既然法律明确取消了禁止双重赔偿的规定，其实质就是允许工伤职工获得双重赔偿。劳动者可以既依《工伤保险条例》的规定享受工伤保险待遇，又依《道路交通安全法》和《关于审理人身损害赔偿案件适用法律若干问题的解释》的规定获得交通事故损害赔偿①。

在颁布《工伤保险条例》的同时，对于因第三人侵权造成的工伤赔偿问题，国务院法制办、劳动社会保障部与最高人民法院经多次协商，决定将此问题交由最高人民法院通过出台司法解释的方法进行解决。

2004年5月1日，最高人民法院《关于审理人身损害赔偿案件适用法律若干问题的解释》开始实施。其中第12条规定："依法应当参加工伤保险统筹的用人单位的劳动者，因工伤事故遭受人身损害，劳动者或者其近亲属向人民法院起诉请求用人单位承担民事赔偿责任的，告知其按《工伤保险条例》的规定处理。因用人单位以外的第三人侵权造成劳动者人身损害，赔偿权利人请求第三人承担民事赔偿责任的，人民法院应当予以支持。"

该解释表明，工伤保险赔偿责任分为两种情况：

一是当工伤事故的发生不涉及第三人时，工伤劳动者工与用人单位的争议应当根据《工伤保险条例》解决，即只能向用人单位主张工伤保险赔偿，不能主张人身损害赔偿，这属于"免除模式"；

二是当工伤事故是由用人单位以外的第三人造成时，法律对"劳动者向第三人提出人身损害赔偿，予以支持"。但是，对于能否同时要求工伤保险赔偿，没有涉及，因此在司法实践中，造成一定的混乱。

2010年颁布的《社会保险法》第42条规定，由于第三人的原因造成工伤，第三人不支付工伤医疗费用或者无法确定第三人的，由工伤保险基金先行支付。工伤保险基金先行支付后，有权向第三人追偿。

对此条文，全国人大常委会法制工作委员会副主任信春鹰在《社会

①　浅谈工伤保险赔偿与人身损害赔偿的竞合效力[N]．华律网整理，www.66law.cn/laws/94824.aspx.

保险法释义》中认为："对于民事侵权责任和工伤保险责任的竞合的问题，由于分歧比较大，社会保险法并未做出明确的规定，工伤职工可以分别按照《侵权责任法》和《社会保险法》要求侵权赔偿和享受工伤待遇，但是，由于实际发生的医疗费用数额明确，且费用凭据只有一份，因此工伤职工只能享受一份。"

也就是说，《社会保险法》出台后，原来工伤赔偿与第三者侵权赔偿的"兼得模式"并没有完全被补充模式所取代，我们甚至可以理解为"不完全的兼得模式"，即除医疗费用之外，仍然可以分别按照《侵权责任法》和《社会保险法》要求侵权赔偿和享受工伤待遇。

另外，2011年修订的《职业病防治法》和《安全生产法》对于职业病和安全生产事故造成工伤的相关规定并无变化。

2. 司法实践情况

我国的司法实务表明，针对工伤保险赔偿和民事侵权赔偿的适用关系问题，虽有补充性质的法律条文有些许涉及，但是根本的《工伤保险条例》和《民法通则》《民法总则》并未做规定，导致各地法院对此类问题的处理方式不一致，结果也不太一样，影响了法律的公正性与权威性。

造成司法实践这一现象的原因主要有：

（1）历史原因

在计划经济时期，我国国有企业和集体企业占绝对的主导地位，由于工伤赔偿涉及的主体之间的特殊关系，工伤事故依照劳动保险制度解决，完全不涉及侵权责任的承担。这一做法影响了后来一系列工伤事故的处理态度。

（2）立法滞后原因

我国立法对于工伤保险赔偿和民事赔偿责任无明确规定是造成当前司法实践难的主要原因。

长期以来，工伤保险相关立法中确认的赔偿范围与《民法通则》中规定的范围大致相同，赔偿金的金额也大致相当，使得工伤职工在享受了工伤保险待遇之后，无需申请民事侵权赔偿，或者申请了也无法获得更多补偿。

（3）劳动者自身原因

目前，我国劳动者的法律意识普遍较低，广大劳动者在工伤事故发生后或患职业病之后只知道申请工伤保险补偿，根本不会考虑通过诉讼手段获得民事侵权赔偿。此外，由于劳动者属于弱势群体，即便他们知道有其他途径获得赔偿，也大多不愿意与用人单位对簿公堂，或者说认为自己没有足够的时间和精力还有金钱消耗在民事诉讼上，最终息事宁人，不去追究民事赔偿责任。

3. 对于我国采用"有限制的兼得模式"的思考

（1）"有限制的兼得模式"的含义

我国现行的工伤保险赔偿标准是保障工伤职工的基本生活，不符合民事侵权赔偿的"填平原则"，因而从完全补偿工伤职工损失的角度出发，结合了兼得模式和补充模式的"有限制的兼得模式"显得很有必要。

适用"有限制的兼得模式"的基本条件包括：用人单位和侵权第三人分别承担工伤保险赔偿责任和民事侵权赔偿责任，并且用人单位承担的是有限的工伤保险赔偿责任，而侵权第三人承担的是完全的民事侵权赔偿责任。两者给工伤职工给付的工伤赔偿主要分为两个部分：一方面是可以用金钱衡量的部分，比如医药费、交通费、误工费等，这部分费用是因侵权行为而直接支付的费用或者受到的财物损失，虽然他们并不是真正意义上的财产损失，但是具有财产损失的一般特点，即可以通过等价有偿的方式获得补偿。因而对于这部分可以用金钱衡量的损失，工伤职工不得申请双份赔偿，需要选择用人单位或者侵权第三人中的一个主张赔偿，这也符合"受害人不应因遭受侵害而获得意外收益"的原则。工伤职工可以向侵权第三人请求支付这部分费用，或者可以向用人单位请求支付，这部分赔偿不得超过工伤职工的实际损失，且该费用最终应由侵权第三人承担。另一方面是无法用金钱或者物质来衡量的部分，比如工伤职工的生命和健康。因为生命是无价的，我们无法规定工伤赔偿的上限，因而这部分的费用，如死亡赔偿金、抚恤金、伤残赔偿金等，是可以获得双份赔偿的。同时，对于工伤保险赔偿中没有涉及的精神损失费的费用，工伤职工有权利向侵权第三人请求赔偿。

（2）代位追偿权问题

《中华人民共和国保险法》第 60 条规定："因第三者对保险标的损害而造成保险事故的，保险人自向被保险人赔偿保险金之日起，在赔偿金额范围内代位行使被保险人对第三者请求赔偿的权利。

前款规定的保险事故发生后，被保险人已经从第三者取得损害赔偿的，保险人赔偿保险金时，可以相应扣减被保险人从第三者已取得的赔偿金额。

保险人依照本条第一款规定行使代位请求赔偿的权利，不影响被保险人就未取得赔偿的部分向第三者请求赔偿的权利。"

《社会保险法》第 42 条规定，因第三人侵权造成工伤，当不能确认第三人是谁，或者第三人不支付工伤医疗费用时，先由工伤保险基金支付相关费用。工伤保险基金支付后，有权向第三人追偿。

交通费、误工费、伙食补助费等费用，由于与医疗费具有相同性质，均可以用金钱衡量，在工伤保险基金或者用人单位承担之后，用人单位和工伤保险基金有权向侵权第三人追偿。

（3）采用"有限制的兼得模式"的意义

一是顺应了我国国情。采用这种混合模式，正因为工伤保险赔偿和民事侵权赔偿金额都不大，单纯的一种赔偿并不能完全弥补工伤职工的损失，采用双重赔偿但又不能取得额外收益，最大化的赔偿金额才能给工伤职工更多保障，有利于维护劳动者的合法权益。

二是有利于人权的保护。"有限制的兼得模式"支持工伤职工在工伤事故后有权向用人单位和侵权第三人中一方或者两方索赔，因双方对受害者均有赔偿的责任，故此模式具有双重保险的功能。同时，工伤保险赔偿为主，民事侵权赔偿为辅的方式能够尽量形成对工伤职工的完全赔偿，适当弥补单一赔偿的不足，体现了以人为本。

六、工伤保险赔偿责任改革和完善的建议

(一)完善社会保险法的规定

《社会保险法》第42条的规定，是目前我国现行立法中，涉及民事侵权责任和工伤保险责任竞合问题的最高层次。从内容上看，该条款虽然规定了医疗费用的先行支付及事后追偿，但是对工伤保险基金的先行支付设定了过于苛刻的条件，要求必须是"第三人不支付工伤医疗费用或者无法确定第三人的"情况下；[①] 同时，该条款所规定的社保基金先行支付的范围，仅限于工伤医疗费用，而不是全部的工伤保险待遇，因此，并没用全面规定我国民事赔偿与工伤保险之间的适用关系。因此，必须加以完善，为司法实践提供明确的法律依据。笔者认为，补偿模式最为合理，建议将这一原则，补充到《社会保险法》，结合我的国情和现状，做出明确的规定。

(二)扩大工伤保险覆盖范围

《工伤保险条例》第二条明确规定了工伤保险的参保人员范围。然而，按照所有制划分，各类企业包括集体企业、国有企业、私营企业及外资企业等；按照地域划分，包括境外企业、城镇企业、乡镇企业；按照组织结构划分，包括合伙企业、公司、个人独资企业等。我国现行的《工伤保险条例》采用列举方式说明参保对象，相对而言并不全面，应扩大工伤保险保障对象的范围，给更多劳动者提供保障。

---

① 赖锦标. 浅议工伤保险基金对第三人的追偿权——兼评我国《社会保险法》第42条之规定[J]. 淮北职业技术学院学报，2011(10).

另外，不少私营企业和乡镇企业的参保意识不强，认为自身工伤风险不大，缴纳工伤保险费增加了企业运营成本，不愿意参加工伤保险；或者，企业为节约成本，仅给部分核心职工参加工伤保险，损害到其他劳动者的合法权益。

此外，还有类似农民工或者临时工的，实际工伤风险较大，但因未签订劳动合同，也没能及时参保。为全面保障劳动者的合法权益，应对这部分法律意识淡薄，且明显属于弱势群体的人群加强保障。

(三) 增强工伤保险费率与行业相关性

根据《工伤保险条例》规定，我国在工伤保险费率上实行的是差别费率和浮动费率，但是，目前来看，费率的制定还不够完善，主要体现在：

1. 风险等级不同的行业处于同一费率档次。合理的费率机制有利于工伤保险成本分配的公平性，同时也能保障用人单位和行业的安全生产。因此，应该根据近年来该行业的工伤事故发生率、伤残人数、伤残程度、死亡人数以及职业病患病人数等因素科学的计算，制定合理的行业保险费率。

2. 行业分类不全面，导致差别费率的档次偏少。

3. 高风险行业费率偏低，无法对事故多发的行业和企业起到警示和制约的作用。

(四) 提高工伤保险待遇标准

按照现行《工伤保险条例》规定的工伤保险待遇，在劳动者没有向第三者主张民事侵权赔偿的前提下，工伤职工很难得到完全赔偿，无法较为全面地保障劳动者的合法权益。同时工伤保险赔偿更多的是经济补偿，但实际上工伤职工遭遇更多的还有精神层面的创伤，劳动保障部门也应对这方面予以考虑。

(五) 规范工伤保险统筹和管理机构

我国应当建立工伤保险的统一经办、统筹和管理机构,并规定机构运行细则,便于全面维护劳动者合法权益。

建立统一的工伤保险统筹和管理机构,各地的工伤保险政策更容易统一实施;当工伤事故发生时,工伤职工能够更快速地获取帮助,及时得到救助;当工伤事故涉及民事侵权责任时,也可由机构先行认定工伤或职业病后及时向劳动者代为提供工伤保险赔偿,然后再由管理机构向用人单位或者侵权第三人追责和追偿;对于未依法为劳动者缴纳工伤保险费用的用人单位,工伤统筹管理机构还可以对其进行处罚,维护劳动者的合法权益的同时对用人单位起到惩戒作用;另外,工伤保险统筹和管理机构的设立也有利于工伤预防和工伤康复政策的落实,从源头上开始管理,有利于用人单位和行业健康稳定的发展,也有利于社会可持续性发展。

设置工伤保险统筹机构后,工伤保险的理赔时效性会得到保障。首先,工伤职工根据《工伤保险条例》享受工伤保险待遇或者得到足额赔付;然后,由工伤保险统筹机构向用人单位或者侵权第三人追偿。对于不缴纳工伤保险费用的用人单位,工伤保险机构还可以对其进行处罚。这样不仅可以保障劳动者能及时获得救治,也能保证侵权者承担相应的责任。

(六) 简化或调整工伤赔偿程序

工伤认定程序复杂、举证难,劳动能力鉴定流程没有明确规定,职业病的确诊等待时间过长、举证困难等现象在我国工伤保险赔偿的现实操作中经常出现,繁复的程序给不少急需赔偿的工伤职工和文化水平较低的劳动者在享受工伤保险待遇时制造了很大障碍,甚至有工伤职工因此放弃工伤保险赔偿的,因而简化工伤赔偿程序显得十分有必要。

劳动者是弱势群体，在遭受工伤事故或患职业病后，应尽快给予他们工伤补偿，同时也可以将一些非必要的申请赔偿的程序删除或者由专门的机构或部门代为办理，减少工伤职工的时间成本和精力成本。

甚至对于工伤保险待遇需求迫切的工伤职工，在进行适当的资格审核后，可以由用人单位或者工伤保险基金先行垫付一部分工伤保险赔偿，事后再根据材料给工伤职工发放剩余补偿。

简化后的工伤赔偿程序应当在相关条例或者法律条文中列明，既方便工伤职工申请工伤保险补偿，也利于统一管理，减少纠纷。

(七) 构建"三位一体"工伤保险制度

目前我国的工伤保险制度"重赔偿，轻预防和康复"，结合当前我国职业安全卫生的现状，应该构建预防、康复和补偿相结合的"三位一体"的工伤保险制度。

现行法律中对工伤预防和工伤康复的规定十分缺乏，也缺少可操作性，因而应法律先行，对工伤预防和工伤康复和工伤补偿做出详细的规定，如：工伤预防的手段、工伤康复的流程等。

(八) 推行工伤保险附加险，优化工伤保险结构

可以借鉴国外的经验，针对一些特殊的容易引发纠纷的问题，如农民工问题、过劳问题、交通事故问题等，单独设立附加险，即可以坚持原本的工伤保险的核心和原则不变，又能灵活应对特殊理赔情况。以主险+附加险的形式，使得工伤保险的覆盖范围更广，政策更容易落实，保障了劳动者的合法权益。

(九) 提升整体服务质量，构建人性化服务体系

工伤职工是一群特殊的人群，他们大多或伤或残，在服务过程中需要更加人性化服务，因而应在社会保险管理服务体系化、人本化、规范

化和信息化的"四化"框架下，构建人性化服务体系。①

　　完善现行工伤保险制度下的规章制度，将各流程标准化、规范化，简化后的理赔程序有利于劳动者感受到制度的温暖。将工伤保险相关服务下移至用人单位，由社会保障部门统筹安排，以辖区为单位，协助用人单位完成工伤保险的政策宣传、工伤预防、事故监督的工作。

(十) 尽快明确"过劳死"的工伤性质

　　工伤保险的功能之一，就是将用人单位在日常经营中发生的与劳动相关的劳动者的死亡、伤残引发风险分摊出去，转移到工伤保险基金中，以减少企业经营中的不确定风险，维护企业的正常运转。工伤保险的覆盖范围太窄，会导致未列入范围的用人单位负担增加，受害职工合法权益得不到保障；覆盖范围太广，又会降低劳动者和用人单位的警惕性，容易诱发道德风险。

　　根据《工伤保险条例》规定，工伤应该符合"三工原则"，即事故伤害发生在工作时间、工作地点，并且与工作存在紧密联系。"过劳死"的结果发生，虽然不属于工作时间和工作地点，但导致劳动者伤亡的事实本身是发生在工作时间或工作地点的，从本质上而言，应当被认定为工伤，疾病或者伤害的潜伏时间不应该影响伤害本身原因的认定。② 如果没有明显的证据证明导致劳动者伤亡的伤害是由其他非工作因素造成的，或者这些因素并不足以单独导致劳动者伤亡的，应该根据《工伤保险条例》第14条规定，认定"过劳死"为工伤。

　　1. 出台相应的法律法规。对"过劳死"做出明确的司法解释，便于劳动保障部门和用人单位依法依规执行；同时确定认定"过劳死"为工伤的条件、流程，以便劳动者"过劳"后可享受合法的工伤保险待遇。

　　2. 完善劳动者休假制度。切实执行劳动法规定的工作时长的要求，

---

①　张军. 对完善我国工伤保险制度的一些思考[J]. 中国医疗保险，2018 (02).

②　施嫣然."过劳死"认定工伤的困境[J]. 职业法律天地，2017(03).

加强对用人单位的监管，同时健全员工休假制度，加强对其身体健康的关注度，落实对职工的劳动保障。

3. 发挥工会作用。根据《工会劳动法律监督试行办法》，工会有权与给雇员制定超额工作计划、强制雇员加班的用人单位交涉，维护工会成员的合法权益。

4. 对于用人单位强制要求雇员超强度、超时间工作的，政府监管部门应当加大惩处力度，维护劳动者的身心健康。

第五章　生育保险之合并改革

一、生育保险制度概述

(一)生育保险的概念

生育是指女性怀孕、分娩、哺乳的过程，是女性承担的人类再生产的任务。女性生育，是人类社会繁衍发展的需要，因而超越了个人作为，具有社会价值和意义。但是，女性在生育过程中，一方面由于无法工作，没有收入来源，面临生活困难的风险；另一方面，生育的过程也是身体机能发生改变的过程，会导致女性抵抗力下降，极易罹患疾病，危害健康。因此，国家应当对生育女性给与必要的帮助和保护，建立生育保险制度。

生育保险是指国家通过立法强制设立的，当女性由于怀孕、分娩、照顾婴儿而暂时中断劳动时，由国家和社会给予生活保障和物质帮助的一种社会保险制度。

20 世纪以来，世界各国陆续实行了生育保险制度。实践证明，通过施行生育保险，给予生育女性及其家庭生育津贴、医疗服务、生育假期、育儿补贴等经济、物质帮助，能够使生育女性得到必要的经济收入和医疗照顾，保障她们的基本生活需要，维护、增进她们的身体健康，帮助生育女性在产后迅速恢复劳动能力，并使婴儿得到较好的抚育和照顾，因而对于维护妇女权益，乃至家庭的稳定和社会的进步发挥了极大的作用。

1988 年，以江苏省南通市为代表的部分地区，率先在中国试行生育保险费用社会统筹，由此各地开始实行生育保险制度改革。

1994 年 7 月 5 日，第八届全国人民代表大会常务委员会第八次会议审议通过《中华人民共和国劳动法》，明确规定劳动者在生育时，依法享受社会保险待遇。该法以劳动基本法的形式在我国确立了生育保险制度，为生育保险的实施以及今后的立法，提供了法律依据。

1994 年 12 月 14 日，为配合《劳动法》的贯彻实施，更好地保障女性的生育权益，原劳动部颁布了《企业职工生育保险试行办法》，适用于城镇企业及其职工。

(二)生育保险的法律特征

在社会保险的所有险种中，生育保险比较特别，具有极其鲜明的特点：

1. 生育保险的保障对象以女性为主，不具有社会普遍性

生育保险从一开始，就是针对女性所开展的，其保障对象范围很窄。虽然随着社会的发展和进步，越了越多的国家将男性(配偶)也纳入生育保险的保障范围，给与男性配偶一定的护理假期和工资待遇，但是不可否认的是，生育保险的保障对象仍然是以女性为主，因此生育保险从保障对象上来说，不具有其他社会保险的普遍性特征。

2. 生育保险与一国的生育政策息息相关

由于各国人口数量不同，人口出生率的情况也不相同，所以不同的国家，生育保险制度的内容相去甚远。在西方发达国家，特别是北欧国家，由于文化理念、人权意识以及自然环境等方面的原因，国民的生育愿望很低，国家的生育率一直保持较低水平，甚至有些国家出现了零增

长、负增长的情况，人口问题非常严重。因此，为了提高人口出生率，刺激女性生育以及多生育，这些国家常常会给出非常优厚的生育保险待遇，甚至巨额的现金奖励。如德国，可以享受最高为 2.52 万欧元的生育福利津贴；在日本，每生一个孩子，政府会一次性奖励 42 万日元"生育金"。俄罗斯还向多子女家庭免费提供住房用地，并向生育四个或七个子女的家庭分别颁发"光荣父母奖章"和"光荣父母勋章"，以及荣誉证书和 10 万卢布的资金奖励。①

中国的情况则不尽相同。我国自古以来就是一个多民族的国家，崇尚多子多福的观念，因此人口数量多，人口基数大。中华人民共和国成立后，由于社会安定，生产发展和医疗卫生条件的改善，人民安居乐业，死亡率大幅度下降，人口迅速增长。20 世纪 60 年代，出现第二次人口出生高峰。从 1962 年至 1972 年，中国年平均出生人口 2669 万，累计出生了 3 亿。1969 年中国人口突破了 8 亿②。从 70 年代初开始，中国政府越来越深刻地认识到人口增长过快对经济、社会发展不利，决定在全国城乡大力推行计划生育，并将人口发展计划纳入国民经济与社会发展规划，计划生育工作进入了一个新的发展阶段。

1982 年 9 月，计划生育被定为基本国策，同年 12 月写入《宪法》，主要内容是提倡晚婚、晚育、少生、优生，有计划地控制人口。

2001 年 12 月 29 日，全国人民代表大会第九次会议审议通过了《中华人民共和国人口与计划生育法》，明确规定：为了实现人口与经济、社会、资源、环境的协调发展，维护公民的合法权益，促进家庭幸福、民族繁荣与社会进步，推行计划生育③。公民有生育的权利，也有依法实行计划生育的义务。国家建立、健全生育保险制度，促进计划生育。

---

① 中国人生不起"二孩"看看别国有啥高招［EB/OL］. CBF 聚焦网，2017-1-23.

② 来自百度百科。

③ 赵自军."全面二孩"背景下女性生育权保障研究［D］. 兰州：甘肃政法学院，2018.

符合法律、法规规定生育子女的夫妻，可以获得延长生育产假的奖励或者其他福利待遇。妇女怀孕、生育和哺乳期间，按照国家有关规定享受特殊劳动保护并可以获得帮助和补偿。

3. 生育保险待遇的标准更高

生育行为本身，不仅仅是个人血脉的延续，更是社会劳动力的再生产，关系到一个国家的建设和发展。因此，生育保险待遇有较强的福利色彩，对生育女性的经济补偿高于养老、医疗等保险待遇。[①] 生育保险提供的生育津贴，一般为生育女职工的原工资水平，也高于其他保险项目。另外，在我国，职工个人不缴纳生育保险费，而是由参保单位按照其工资总额的一定比例而缴纳。

4. 生育保险待遇的内容更丰富

社会保险是一种物质帮助制度，其主要的手段和方式是以各种津贴、补助、补贴等现金或实物的形式提供，但是生育保险除了生育津贴和生育医疗费外，还有极其重要的生育产假制度。通过假期修养的方式，为生育女性恢复身体健康和劳动能力，提供充分的时间保障。

除此之外，不同国家根据本国的生育现状和经济实力，还会提供税收减免、停职留职津贴、保障性住房等待遇。如中国台湾地区从2009年开始实施"育婴留职停薪津贴"制度。[②] 台湾民众凡依法参加就业保险，年资合计满1年以上，在子女满3岁前，依"性别工作平等法"规定办理育婴留职停薪者，即可享有领取育婴留职停薪津贴的权益。为了育婴不上班，每个月还可以拿到工资60%的收入。

---

① 任婷瑛. 我国生育保险制度的主要特征分析[J]. 劳动保障世界，2015(S1).

② 梁建章. 吸取他国鼓励生育经验 让中国夫妇敢生二孩[EB/OL]. http：//blog. sina. com.

5. 生育保险待遇的保障时间，兼顾风险前后

其他的社会保险，只针对保险期间发生的风险提供保障。如养老保险待遇，只发生在在被保险的劳动者年老退休以后，医疗保险待遇、失业保险待遇、工伤保险待遇等都是如此，不会涉及风险发生之前的内容。

生育保险的保障期间，则包括三个阶段：生育前的怀孕阶段、生育阶段、生育后的修养阶段。只有这样，才能符合女性生育的特点，切实的保障女性的生育权利和身体健康。因此，生育保险待遇的内容，也有所不同。

一般来说，对于产前怀孕期间的女性，生育保险待遇主要体现在工作时间、工作强度上的要求和限制，以及产前身体检查和保健等；生产期间的待遇主要是手术费、住院费、医药费等；而生产后的女性，保障内容主要是带薪产假以及哺乳婴儿的时间等。

以法国为例，生育女性一共有 16 周产假，至少有 2 周可以在生育前使用，剩下的 14 周生育前后都可使用，休产假的政府员工拿 100%工资，私企员工视公司情况而定，上限是每月 3129 欧元。父亲可以有 11 天的陪产假，休假期间工资照拿。如果一对夫妇为各自的雇主工作超过一年，那么他们都有权请假在家带小孩，直到小孩 3 岁。[1]

(三) 生育保险与医疗保险的区别

医疗保险是指劳动者由于患病、非因工负伤而暂时丧失劳动能力时，从国家和社会获得物质帮助的一种社会保险制度。它是为了补偿劳动者因疾病风险造成的经济损失而建立的，通过用人单位与个人缴费，建立医疗保险基金，参保人员患病就诊发生医疗费用后，由医疗保险机

---

① 梁建章. 吸取他国鼓励生育经验 让中国夫妇敢生二孩 [N]. http://blog. sina. com.

构对其给予一定的经济补偿。①

生育保险和医疗保险都是社会保险的性质，具有社会保险的一般特征，诸如国家强制性、统筹互济性、基本保障性。

但是作为两种不同的社会保险，二者之间的区别也十分显著：

1. 适用对象的范围不同

生育保险是唯一专门为女性提供的社会保险，其适用对象原则上仅适用于生育以及待生育女性，因此不具有社会普遍性的特点。虽然现在很多国家已经将男性(配偶)纳入生育保险的范畴，通过实行陪产假制度，给与生育女性以及其婴儿更好地照顾。但是也仅限于生育女性的配偶，并非全体男性。同时，陪产假是生育女性产假的从属部分，并不能单独实施。

医疗保险的适用对象为全体社会成员，不分男女性别，不分老幼年龄，只要按照规定登记、缴费，都可以享受医疗费用报销等的待遇。

2. 享受待遇的次数不同

生育保险的享受次数跟生育的次数紧密相关。由于我国实行严格的计划生育政策，提倡一对夫妻生育两个子女，所以符合计划生育条件的女性，原则上只能享受两次生育保险待遇。

而医疗保险则没有次数上的限制，能否享受医疗保险待遇，取决于有没有生病。只要生病，并且参加医疗保险按时缴费的，都可以享受养老保险待遇，没有次数的限制。

3. 医疗待遇的内容不同

生育保险所提供的医疗服务，基本上以保健、检查和咨询为主，正常的分娩无需进行治疗，因此医疗费用比较单一，差距不大，主要就是

---

① 来自百度百科。

检查费、接生费、手术费、住院费等。

医疗保险的医疗服务，则以治疗为主，主要是通过必要的检查、理疗、手术和药物等方面的医疗手段，对患病的参保者进行治疗，因此，不同病症之间，治疗的手段、方法、时间等都不相同，治疗费用的差异较大，医疗保险的规定更加专业，更加详细。

4. 休假待遇的期限不同

对于生育保险待遇中的产假时间，根据我国《女职工劳动保护特别规定》的规定，[1] 全国法定产假是 98 天，多胞胎生育或者难产的，另外增加一定时间不等。

对于医疗保险待遇中的病假时间，目前的法律依据是原劳动部 1994 年 12 月 1 日颁布的《企业职工患病或非因工负伤医疗期的规定》。根据该规定，企业职工因患病或非因工负伤，需要停止工作医疗时，根据本人实际参加工作年限和在本单位工作年限，给予 3 个月到 24 个月的医疗期[2]。

5. 医疗费用的支付标准不同

生育保险的医疗费用，在规定范围内实报实销，医疗保险的治疗费

---

[1] 《女职工劳动保护特别规定》第 7 条规定："女职工生育享受 98 天产假，其中产前可 15 天；难产的，增加产假 15 天；生育多胞胎的，每多生育 1 个婴儿，增加产假 15 天。怀孕未满 4 个月流产的，享受 15 天产假；怀孕满 4 个月流产的，享受 42 天产假.".

[2] 《企业职工患病或非因工负伤医疗期的规定》第 3 条规定："企业职工因患病或非因工负伤，需要停止工作医疗时，根据本人实际参加工作年限和在本单位工作年限，给予三个月到二十四个月的医疗期：

（一）实际工作年限十年以下的，在本单位工作年限五年以下的为三个月；五年以上的为六个月。

（二）实际工作年限十年以上的，在本单位工作年限五年以下的为六个月；五年以上十年以下的为九个月；十年以上十五年以下的为十二个月；十五年以上二十年以下的为十八个月；二十年以上的为二十四个月。"

用则采取保底拦头的方法，设置有最低起付线和最高封顶线。起付线与封顶线之间的医疗费用，按照法定的比例进行报销，而低于起付线的医疗费用以及超过封顶线的医疗费用，由自己承担，医疗保险基金不予支付。

6. 承担缴费的义务不同

按照我国《社会保险法》的规定，生育保险由用人单位缴费，劳动者个人不缴费，缴费比例是不超过上一年度本单位职工工资总额的0.5%；医疗保险则是由用人单位和劳动者个人共同承担缴费义务，其中用人单位的是上一年度本单位职工工资总额的8%，劳动者个人缴费比例是本人上一年度月平均工资的2%。

(四)生育保险的法律意义

生育保险是一个国家社会保障体系中不可或缺的组成部分，对于保护女性合法权益，推进社会文明和进步，具有重要的法律意义。

1. 实行生育保险是对生育女性生育行为的价值认可

女性的生育行为，本质上是劳动力的再生产，是人类社会可持续发展不可或缺的人力资源，理应得到全社会的肯定和尊重。通过实行生育保险，对生育女性给与一定的补偿和帮助，既是人类社会文明的表现，也是各个国家持续发展的基础。

2. 实行生育保险是对生育女性基本生活的物质保障

女性在生育期间，无法工作，没有收入来源，相关的生育费用也会给生育女性和家庭，带来一定的经济压力。通过实行生育保险，为生育女性发放生育津贴，支付生育医疗费，提供产假进行休养恢复等等，可以免除生育女性的后顾之忧，为生育女性顺利完成生育过程，提供有力的支持。在促进人口均衡发展过程中，发挥生育保险制度的利益引导机制作用。

3. 实行生育保险是对生育女性劳动权利的特殊保护

当今社会，竞争激烈，女性的生育行为成为了女性在就业道路上的最大障碍。许多职业女性因为生育，不得不离开工作岗位，有些人因此失去晋升的机会，有些人甚至失去了工作。因此，实践中，女性害怕生育、不愿生育的现象越来越严重，导致很多国家出现人口出生率下降，甚至是负增长的情况。劳动力供给不足，必然会严重影响经济的发展。而通过实行生育保险，国家强制立法，保护生育女性的合法权益，使她们不致因生育而失业，并且可以在一定程度上维护女性的平等就业权，防止和纠正就业中的性别和身份歧视。

4. 实行生育保险是提高一国人口素质的必要条件

生育行为是人口素质的起点，生育保障完善与否，直接关系到母婴的健康状况。国家通过实行生育保险制度，为生育女性提供产期检查，围产期保健指导等医疗服务，对胎儿的正常生长进行监测。一旦怀孕女性在妊娠期间患病或接触有毒有害物质，通过必要的检查，可以发现畸形儿，及早中止妊娠。对于胎位不正或者孕期异常的女性，进行重点保护和治疗，从而保证胎儿的健康，提高出生人口的质量和素质[①]。

5. 实行生育保险是树立国际形象的重要指标

尊重人权，是国际社会的普遍规则。而尊重人权，就意味着必然要尊重生育女性的合法权利。在所有的社会保险制度中，生育保险是专门针对女性开设的。一国生育保险制度的设立与健全与否，是对该国国际形象的最好评判。

---

① 康春华. 从人口素质层面完善生育保险政策 [J]. 中国医疗保险，2010 (07).

改革开放以后，我国的生育保险制度不断完善，运行良好。截至2016 年底，全国生育保险参保 1.84 亿人，当期基金收入 519 亿元，支出 527 亿元，累计结余 676 亿元，全国享受生育保险待遇 808 万人次。①

联合国和国际劳工组织等国际组织都曾经将中国推进生育保险制度建设作为一个创举向成员国推荐过，这是对我国生育保险工作的最大褒奖和激励，标志着我国生育保险制度具有较高的国际水准和实践价值。

二、我国生育保险制度的发展历程

我国生育保险制度从无到有，从企业保险到社会保险，经历了一个建立、发展、改革、完善的过程。

1951 年 2 月 26 日，政务院颁布的《中华人民共和国劳动保险条例》。该条例不仅规定了女工人与女职工的基本生育待遇，包括生育津贴、产假、医疗费用等方面内容，同时还规定劳动保险的各项费用，全部由实行劳动保险的企业行政方面或资方负担，其中一部分由企业行政方面或资方直接支付，另一部分由企业行政方面或资方缴纳劳动保险金，交工会组织办理。

1953 年对《中华人民共和国劳动保险条例》进行了修正，在生育待遇上做出了更为详尽的规范。该条例的颁布、修改和实施，标志着我国生育保险制度的开始，具有跨时代的意义。

1955 年，政务院颁布《关于女性工作人员生育假期规定的通知》，规定机关、事业单位的女性员工享受基本生育待遇，其待遇标准与企业大体一致，即女职工生育享受产前产后假 56 天，产假期间工资照发，生育期间医疗费用由用人单位负担。

---

① 生育保险和医保合并实施后待遇不变[N]. 人民日报，2017-02-05.

至此，我国生育保险制度基本覆盖企业、机关、事业单位的所有女职工。这一时期的生育保险待遇主要由用人单位承担，处于企业保险阶段。

从 1988 年开始，随着改革开放的步伐，计划经济向市场经济转轨，生育保险制度也尝试进行改革，以社会统筹、基金共济为特点的生育保险制度产生，开启了生育保险向社会保险性质转变的大门，与之前的企业保险有着本质的不同。

1988 年 7 月，国务院颁布《女职工劳动保护规定》，规定不得在女职工怀孕期、产期、哺乳期降低其基本工资或解除劳动合同，产假由 56 天延长到 90 天。该规定将机关事业单位和企业的生育保险制度合并实施，充分体现了法律的平等性。

1992 年，全国人大颁布了《中华人民共和国妇女权益保障法》，规定国家推行生育保险制度，建立健全与生育相关的其他保障制度。地方各级人民政府和有关部门应当按照有关规定为贫困妇女提供必要的生育救助。

1994 年 7 月 5 日，第八届全国人民代表大会常务委员会第八次会议审议通过《中华人民共和国劳动法》，后于 2009 年 8 月 27 日和 2018 年 12 月 29 日分别进行了修订。①

1994 年底，为了配合《中华人民共和国劳动法》的贯彻实施，原劳动部颁布了《企业职工生育保险试行办法》，自 1995 年 1 月 1 日起实行。

该办法规定生育保险费用实行社会统筹②，标志着生育保险制度从企业保险模式向社会统筹模式转变，在生育保险的立法史上具有不可替

---

① 《劳动法》第 73 条规定，劳动者在下列情形下，依法享受社会保险待遇：(一)退休；(二)患病、负伤；(三)因工伤残或者患职业病；(四)失业；(五)生育。劳动者死亡后，其遗属依法享受遗属津贴。

② 《企业职工生育保险试行办法》第 3 条："生育保险按属地原则组织。生育保险费用实行社会统筹".

代的重要意义。同时，该法对实行生育保险的目的、① 原则、② 缴费、③ 待遇④等做了较为详细的规定，为生育保险的实施提供了法律依据。

1995 年，国务院颁布了《中国妇女发展纲要（1995—2000）》，提出到 20 世纪末，在全国城市基本实现女职工生育费用的社会统筹。为此目标，将女职工生育保险费用由企业管理逐步改为社会统筹，将实施范围由国有企业职工扩展到所有城镇企业的各类职工，逐步实现在直辖市、地市级范围内统一保险项目、统一缴费比例、统一给付标准的生育保险制度。⑤

随后，全国有 31 个省（区、市）相继出台了生育保险方面的地方性法规、地方政府规章或者其他规范性文件，对本省（区、市）生育保险制度做出具体安排。其中，有 19 个省份已将机关、事业单位和企业等用人单位全部纳入生育保险覆盖范围。

到 1999 年底，全国参加生育保险费用社会统筹的职工达 3000 万

---

① 《企业职工生育保险试行办法》第 1 条："为了维护企业女职工的合法权益，保障她们在生育期间得到必要的经济补偿和医疗保健，均衡企业间生育保险费用的负担，制定本办法。"

② 《企业职工生育保险试行办法》第 4 条：生育保险根据"以支定收，收支基本平衡"的原则筹集资金，由企业按照其工资总额的一定比例向社会保险经办机构缴纳生育保险费，建立生育保险基金。"

③ 《企业职工生育保险试行办法》第 4 条："生育保险费的提取比例由当地人民政府根据计划内生育人数和生育津贴、生育医疗费等项费用确定，并可根据费用支出情况适时调整，但最高不得超过工资总额的 1%。企业缴纳的生育保险费作为期间费用处理，列入企业管理费用。职工个人不缴纳生育保险费。"

④ 《企业职工生育保险试行办法》第 5 条："女职工生育按照法律、法规的规定享受产假。产假期间的生育津贴按照本企业上年度职工月平均工资计发，由生育保险基金支付。"

⑤ 吴安然. 社会性别视角下对中国生育保险制度分析[J]. 经济研究导刊，2014（36）.

人，生育保险基金收入 9.8 亿元，支出 6.6 亿元，滚存结余 13.6 亿元。[1]

2011 年 7 月 1 日，《中华人民共和国社会保险法》正式实施，第一次以特别法的形式对包括生育保险在内的我国的社会保险制度，进行中央立法，不仅提升了生育保险制度的立法层次，也标志着生育保险演变为法定的强制社会保险。

《社会保险法》明确规定："国家建立基本养老保险、基本医疗保险、工伤保险、失业保险、生育保险等社会保险制度，保障公民在年老、疾病、工伤、失业、生育等情况下依法从国家和社会获得物质帮助的权利。"

该法第六章专章规定了生育保险的覆盖范围、筹资方式、待遇项目等内容，规定：为完善生育保险制度，进一步促进妇女公平就业，保障女职工生育期间获得经济补偿和基本医疗服务，由用人单位按照国家规定缴纳生育保险费，生育保险待遇包括生育医疗费用和生育津贴，所需资金从生育保险基金中支付。

2012 年，国务院颁布《女职工劳动保护特别规定》，进一步规范了生育保险制度，规定怀孕女职工在劳动时间内进行产前检查，所需时间计入劳动时间。

截至 2012 年 9 月，全国生育保险参保人数已达 1.5 亿人。

三、我国生育保险制度的主要内容

(一)生育保险的覆盖范围

我国的生育保险制度适用于中华人民共和国境内的国家机关、事业

---

[1]　国家统计局.1999 年劳动和社会保障事业发展年度统计公报[N]. 统计信息中心.

单位、社会团体、各类企业、民办非企业单位等用人单位的职工及其未就业的配偶。

(二)生育保险资金的筹集

生育保险根据"以支定收，收支基本平衡"的原则进行资金筹集，由用人单位向社会保险经办机构缴纳生育保险费，建立生育保险基金，职工个人不缴纳生育保险费。生育保险费的具体提取比例由当地人民政府根据计划内生育人数和生育津贴、生育医疗费等项费用确定，原则上最高不得超过用人单位工资总额的 0.5%。

生育保险基金由人力资源和社会保障部领导下的社会保险经办机构负责收缴、支付和管理，社会保险经办机构可从生育保险基金中提取管理费，用于本机构经办生育保险工作所需的人员经费、办公费及其他业务经费。

(三)享受生育保险待遇的条件

根据法律规定，享受生育保险待遇，必须同时具备以下两个条件：

1. 用人单位已经参加生育保险并履行了缴费义务，且为职工缴纳生育保险费达到一定期限。其中各地区关于缴费时间的规定不尽相同，从 1 个月到 24 个月，时间不等；

2. 生育或施行计划生育手术，必须符合国家计划生育政策的规定；

计划生育是我国的一项基本国策，百年大计，不可动摇。因此，生育保险必须和计划生育相对应。具体地说，就是要享受生育保险待遇，必须符合婚姻法、人口与计划生育法的规定，履行婚姻登记手续，办理生育登记，取得准生证明等资料。凡是计划外生育、未婚生育等，在我国都是违法生育，是违法行为，按规定不得享受生育保险待遇。

(四)生育保险待遇标准和支付项目

根据《中华人民共和国社会保险法》的规定，生育保险待遇包括生育医疗费用和生育津贴。其中，生育医疗费用包括生育的医疗费用、计划生育的医疗费用和法律、法规规定的其他项目费用。享受生育津贴的情形有：女职工生育享受产假、享受计划生育手术休假、法律、法规规定的其他情形。

1. 生育津贴

生育津贴是指按国家法律规定对休产假的享有生育保险的女性，给予的生活费用，包括产假津贴、计划生育手术休假津贴等。

国际劳工公约规定，生育津贴应至少足以维持母婴的生活和健康需求，并随着经济的发展水平逐步提高。国际劳工组织第183号生育保护公约规定津贴的标准应"不低于该妇女过去收入的2/3"，第191号建议书建议"不低于过去的100%"。[①] 有些国家规定了可以灵活选择的津贴和产假形式。如挪威，生育妇女若休10个月的产假领取100%的工资作为生育津贴，也可以选择享受12个月产假，但生育津贴仅为原工资的80%。[②]

在我国，产假期间的生育津贴按照职工所在用人单位上年度职工月平均工资计发，由生育保险基金支付。

计算方法：生育津贴＝当月本单位人平缴费工资÷30(天)×假期天数(各省市略有差异)。

计发月数正常分娩三个月，难产三个半月，多胞胎(双胞胎)生育津贴在三个半月的基础上每多生一个增加半个月。超过上述生育津贴发放时间的产假，产假工资由用人单位按有关规定发放。

2. 生育休假

生育休假，即产假，是指因为生育行为而引起的产妇休息及婴儿照

---

① 丁芳. 全球化背景下的生育保险法律问题研究[J]. 北华大学学报(社会科学版)，2104(12).

② 丁芳. 我国生育保险[N]. 学术杂志. www.zhazhi.com.

顾的假期。包括产前假和产后假、哺乳假、配偶护理假、保胎假等。

国际劳工组织第 183 号公约中规定了不少于 14 周的产假，191 号建议书中则建议产假至少 18 周。① 根据《女职工劳动保护特别规定》的规定，国家法定产假为 98 天。难产的，增加产假 15 天。多胞胎生育的，每多生育一个婴儿，增加产假 15 天。女职工怀孕流产的，其所在单位应当根据医务部门的证明，给予一定时间的产假。

产前假：法定产前假为 15 天。怀孕 7 个月以上，如工作许可，经本人申请，单位批准，可请产前假两个半月。部分属于地方法规规定必须给假的情况，单位应批准其休假，工资按照员工以往每月实发工资标准的八成发。

哺乳假：女职工生育后，若有困难且工作许可，由本人提出申请，经单位批准，可请哺乳假六个半月，工资按员工以往每月实发工资标准的八成发，再延长期间按七成发。

陪产假：又称配偶护理假，机关、企业事业单位、社会团体和其他组织的女职工，按规定生育的，除享受国家规定的产假外，其配偶享受陪产假。配偶休假期间，机关、企业事业单位、社会团体和其他组织不得降低其工资、予以辞退、与其解除劳动或者聘用合同。对于陪产假的时间，各地规定不统一，大多数在 7~15 天之间。

保胎假：对于保胎假，目前我国立法中没有明确规定。实践中，可以由用人单位根据本单位实际情况酌情处理。一般本单位女职工休保胎假，要求由医生开具证明，按照病假待遇发放工资。

3. 生育医疗费用

据世界卫生组织统计，每天死于妊娠及与分娩相关疾病的妇女近 1000 人，这些死亡几乎都发生在生育保障不健全的发展中国家。为保

---

① 李西霞. 生育产假制度发展的国外经验及其启示意义 [J]. 北京联合大学学报 (人文社科版)，2016(01).

障全世界的生育女性和婴儿的健康，国际劳工组织规定了生育医疗费用的基本标准，应包含产前、分娩和产后医疗护理，以及必要时的住院治疗费用，具体表现为女性因为怀孕、生育所发生的医疗检查费、接生费、手术费、住院费、药品费、产后访视费以及疾病医疗费；包括因生育引起产后大出血、产后感染、产褥热、产后心脏病、妊娠合并肝炎等疾病以及计划生育手术并发症诊治的医疗费等。

实践中，女职工生育住院，正常分娩的产妇至少住院观察 72 小时，及时发现产后出血。出院后，因生育引起疾病的医疗费，由生育保险基金支付。其他疾病的医疗费，按照医疗保险待遇的规定办理。女职工产假期满后，因病需要休息治疗的，按照有关病假待遇和医疗保险待遇规定办理。女职工生育或流产后，由本人或所在企业持当地计划生育部门签发的计划生育证明，婴儿出生、死亡或流产证明，到当地社会保险经办机构办理手续，领取生育津贴和报销生育医疗费。①

4. 计划生育手术费

在我国，由于实行计划生育政策，依据《中华人民共和国人口与计划生育法》的规定,② 计划生育手术费也在生育保险待遇之中。

按照规定，包括一般避孕药具、环孕检、放置和取出宫内节育器、流产术、引产术、皮下埋植术、输卵(精)管结扎绝育及复通术以及技术常规所规定的各项医学检查的费用，列入生育保险基金支付范围。

5. 就业保护

生育期间，女性无法工作，必须暂时离开工作岗位，或者干脆辞掉工作。这不但会中断生育女性的职业发展，也可能会对女性的就业造成障碍，无形中增加了女性的用工成本，使女性群体在劳动力市场，处于

---

① 来自百度百科。

② 《中华人民共和国人口与计划生育法》第 17 条："公民有生育的权利，也有依法实行计划生育的义务，夫妻双方在实行计划生育中负有共同的责任。"

十分不利的地步。

为保护女性的平等就业权，国际劳工组织第 183 号公约规定：妇女有权在产假结束时返回到原来的工作岗位；并要求各成员国采取必要的措施，确保孕、产妇的就业权不受歧视，包括禁止要求求职妇女进行妊娠化验等。①

我国《劳动合同法》第 42 条规定，女职工在孕期、产期、哺乳期的，禁止工用人单位无过错解除劳动合同；第 45 条规定，女职工在孕期、产期、哺乳期的，劳动合同期限届满，不得终止，应当自动顺延至孕期、产期、哺乳期期限届满。《中华人民共和国就业促进法》也明确规定禁止对女性就业进行歧视，② 要求用人单位在录用女职工时，不得在劳动合同中规定限制女职工结婚、生育的内容。

6. 其他待遇

其他待遇是对生育女性及其家属的生活费用给予经济补助、补贴，包括一次性分娩营养补贴、围产保健补贴、一次性生育补贴等。这些待遇，国家立法中没有明确规定，可以由地方政府自行安排。

如一次性分娩营养补贴与围产保健补贴，凡正常分娩或者满 7 个月以上流产的参保女性，都可以按照上年度市职工月平均工资× 25% 的标准，享受一次性分娩营养补贴、围产保健补贴。③

又如一次性生育补贴，原在单位参加生育保险的女职工失业后，在领取失业保险金期间，符合计划生育规定生育时，可享受一次性生育补贴：流产 400 元、顺产 2400 元、难产和多胞胎生育 4000 元；对参加生

---

① 李西．中国反女性就业歧视法律制度研究——基于国际人权法的视角［J］．人权，2017(01)．

② 《中华人民共和国就业促进法》第 27 条规定："国家保障妇女享有与男子平等的劳动权利。用人单位招用人员，除国家规定的不适合妇女的工种或者岗位外，不得以性别为由拒绝录用妇女或者提高对妇女的录用标准。"

③ 来自百度百科。

育保险的男职工，其配偶未列入生育保险范围，符合计划生育规定生育第一胎时，可享受50%的一次性生育补贴。①

(五)生育保险的经办管理

生育保险实行登记管理，包括妊娠登记、住院登记和计划生育手术并发症登记。

1. 妊娠登记

确诊怀孕后，首先要办理妊娠登记，然后才能开始做产前检查。

妊娠登记办理流程：首先由怀孕参保人员，到现居住地或户口所在地计生办领取《生育服务证》，即"准生证"，也可以由所在用人单位代行办理《生育服务证》；然后带着"准生证"、夫妻二人的身份证，还有社保卡，到现居住地或户口所在地的联网生育保险定点医院办理妊娠登记，同时建立《孕产妇保健手册》；最后，网上核验《生育服务证》，就完成了联网妊娠登记。②

2. 住院登记

参保人员在统筹地区生育保险定点医院住院，应当在住院当天在医院联网办理住院登记。未及时办理的，应在五日内补办；其他原因，例如个人信息变更、社会保障卡丢失或消磁等，不能在医院办理的，应在五日内到参保所在地社保分中心办理住院登记，将《资格确认书》(职工留存联)交给医院医疗保险科进行联网结算。

3. 计划生育手术并发症登记

参保人员患有计划生育手术并发症的，经市、区(县)计划生育鉴

---

① 来自百度百科。
② 【医保服务台】生育保险妊娠登记如何办理[N]. 天津日报，2015-4-30.

定机构鉴定，并开具计划生育手术并发症诊断证明或鉴定证明，于参保首月或计划生育手术并发症鉴定确诊后当月，到社保分中心办理计划生育手术并发症备案登记手续。

计划生育手术并发症诊断证明或鉴定证明有效期为3年，超过有效期的需重新鉴定并办理备案登记。

四、我国生育保险制度存在的问题

我国生育保险制度优势明显，对于我国社保事业的完善发挥了巨大的作用。但是，在实施的过程中，也存在着一些突出的问题。

特别是2015年后，我国生育政策进行较大的调整，由"一对夫妻只能生育一个子女"转变为"国家提倡一对夫妻生育两个子女"，现行生育保险制度对公民生育意愿的激励作用，凸显出严重的不足。[①]

与其他社会保险制度相比，我国生育保险制度主要存在以下问题：

(一) 立法层次低，法律约束力不强

生育保险是社会保险，是国家通过立法强制实施的。如果一旦立法缺失或者滞后，就必然会出现无法可依，执行不力的局面。

目前，我国有关生育保险的立法，主要是以国务院行政法规和部门规章的形式发布，甚至是没有法律执行力的政策，如"试行办法""暂行规定""意见""通知"等。[②] 由于层次低，法律约束力不强，难以得到有效的实施。

《社会保险法》虽然是全国人大立法，但有关生育保险问题的原则性规定，条文少，内容高度概括，执行力很差，具体的实施办法都授权

① 马可. 全面二孩政策背景下生育保险制度改革思路与对策分析[J]. 中外企业家，2018(10).

② 刘英. 我国生育保险制度存在的问题及对策研究[J]. 陕西理工学院学报(社会科学版)，2006(04).

给各地方政府，以地方性法规的形式执行。由此带来的问题就是，立法分散，各地在具体执行过程中，灵活性过大，造成各地区之间的差别明显，特别是东部经济发达地区的待遇水平明显高于西部经济较落后地区，从国家的角度来看，比较混乱，有失公允。

(二)参保人数少，覆盖范围小

经济发展水平不同导致当下各国的生育保险覆盖范围也有所差异，少数国家覆盖到了全体公民，如英国、瑞典。有些国家甚至给予了外国人生育保险，如芬兰、丹麦、韩国等。①

根据《企业职工生育保险试行办法》的规定，我国的生育保险仍以"职工"为对象，仅限于国家机关、事业单位、社会团体、企业的女职工，而不包括女性自主创业者、灵活就业的女性，如个体工商户、家政服务工、钟点工、临时工、非全日工，以及城镇失业、未就业女性。在我国经济体制转型、就业形势严峻的情况下，后面这部分人在城镇里面所占比例越来越大，生育保险制度忽略她们的存在，有失公平。

我国农村人口占总人口的50.32%，其中的女性劳动者，她们在农业生产以及进城务工等方面，都发挥了不可替代的作用，如果将这一群体排除在生育保险之外，不仅有失公允，而且生育保险也必然失去"社会性"。

根据国际劳工公约，要求将生育保险待遇无条件的适用于任何地区的"所有妇女"，既包括正常受雇于工业企业的女职工，也包括非全日制工人、家务工人等。比较之下，我国生育保险制度的规定与公约的要求差距很大，未能履行作为国际劳工组织成员的国际义务。

(三)参保率低，费用征缴难度大

如前所述，现行生育保险制度由于覆盖面窄，使得参保人数少，资

---

① 李卢霞，戴维周，孙晓燕. 国外生育保险制度概览及我国生育保险制度改革[J]. 卫生经济研究，2005(11).

金规模有限，又由于适用范围仅限于生育的女性，因此不如养老保险、医疗保险等受到重视，客观上造成了用人单位参保的积极性不高，实际参保率不高，特别是大量的私营企业更是能不缴就不缴；而且，由于生育保险金缴纳缺乏强制性，一些用人单位即使缴纳不到位也不用承担责任，所以拖欠现象比较严重，从而这些行为大大降低了生育保险基金的支付能力。

(四) 支付方式不科学，补偿水平低

从生育津贴支付情况来看，第一，生育津贴支付标准主要参照本单位上年度职工月平均工资，但是由于不同用人单位之间的经济状况不同，职工月平均工资水平差距较大，甚至很大，最终造成不同用人单位的生育女性的生育津贴差别也很大。例如国家机关、事业单位、大企业、大公司的工资水平高，生育津贴也高，而大量的中小微企业的生育女性的生育津贴相对比较低。同为社会成员，这样的差别，笔者认为，有违生育保险作为社会保险的共济性功能。第二，目前关于生育津贴的计算方法，普遍的做法是，用所在用人单位上年度职工月平均工资除以30 天，再乘以产假天数。这里除以 30 天剥夺了劳动者的休息权，是不对的。按照标准工作时间，月计薪天数应该是 21.75，所以计算日工资，应该是用人单位上年度月平均工资，除以 21.75 天。

从生育医疗费用支付情况来看，目前生育医疗费用的支付方式有实报实销和一次性定额支付两种，各有各的优点和缺点。

原则上，生育医疗费、因生育引起疾病和合并其他疾病发生的符合生育保险药品目录、诊疗项目和服务设施目录范围的住院医疗费，由生育保险定点医疗机构与参保职工据实结算，实报实销。但是，实报实销过程中由于缺乏统一的报销标准依据和规范的支付细则，造成非生育医疗费用的不合理报销、无关费用增加、费用难以控制等问题。①

一次性定额支付的主要问题，则在于无法完全满足生育过程中各项

---

① 刘前. 我国生育保险制度研究[D]. 昆明：云南大学，2006.

常规费用的报销需求，使得支付水平偏低，造成基金收大于支，积累过高，而用人单位和女职工负担加重的怪现象。并且当产妇出现高危妊娠、产时大出血以及有妊娠合并症等特殊情况时，难以得到补偿，违背了生育保险的目的。

在生育保险待遇的支付渠道上，实行的是由用人单位先行垫付，然后再由社会保险经办机构将保险费用回拨给单位的方式。这样的做法，导致实际上生育保险待遇能否实现、什么时间实现，都主要依赖于用人单位，一旦用人单位效益不好不能垫付或者用人单位怠于履行责任，不愿意垫付时，生育津贴、生育医疗费等就难以足额、按时发放，因此，保障能力脆弱，无法给与生育女职工及时的帮助和保护。

(五)统筹层次低，发展不平衡

生育保险的统筹层次目前仍局限在县市级，尚未实行省市级统筹。同省份的不同城市，分别设立自己的生育保险基金，负责本市范围内的生育保险事项。因此，基金调剂范围小，各城市间发展不平衡，异地结算困难，社会化程度底。

(六)生育保险待遇不统一，差别巨大

以产假待遇为例。由于国家法定产假时间为 98 天，期限较短，比照国际劳工组织最低 14 周的标准，刚刚达标。所以，国家授权各个地方给与额外的奖励产假，导致不同地区产假天数差别巨大。其中大多数地区增加产假 30 天，合计就是 128 天；其他如西藏产假天数最长，为 365 天；山东、山西、陕西、新疆、内蒙古、云南、四川、安徽、江西、宁夏回族自治区、辽宁、青海、河北等为 158 天；广东省为 178 天；福建、黑龙江、甘肃为 180 天，河南、海南为 188 天。

(七)生育成本分担不够合理，用人单位负担较重

生育和繁衍后代，对家庭是血脉的传承，对国家则是劳动力的再生产。如果没有生育，或者生育不足，会导致人口下降，国家劳动力不

足，带来一系列消极的后果。因此在生育费用的承担方面，国家和政府应当多承担一些。

但从目前生育保险的实施情况来看，政府责任缺失，主要依赖于用人单位。用人单位除了生育保险缴费之外，还要负担生育津贴差额、陪产假津贴等费用，导致用人单位压力巨大而怨声载道，不利于生育保险制度的贯彻实行。

(八)津贴发放不到位与结余严重并存①

由于生育保险覆盖面窄，导致我国很大一部分生育女性无法享有生育保险。而在有资格享受生育保险待遇的人群中，由于生育观念的变化，主动选择不生育的丁克家庭越来越多，某些城市出现生育保险的支出人口比缴费人口少的现象。同时，随着工资总额的增长，生育保险基金的提取不断增加，基金收入大于支出。因此，在养老保险金、医疗保险入不敷出、支付严重不足的情况下，生育保险基金却出现了逆势结余。

这种怪现象，是对生育保险待遇支付水平低，生育女性得不到充分的补偿问题的极大讽刺，必须加以改变。

(九)配偶护理假没有得到全面落实

我国目前没有关于配偶护理假的全国性统一立法，劳动法只对女性产假有明确规定，对男性配偶护理假并无说明，配偶护理假一般是作为计划生育的奖励政策，由各个地方自行规定。因此，各地执行标准不一，时间有长有短。目前，大部分省市的配偶护理假时间，从7天到15天不等，时间非常短，而且对于男性休配偶陪产假的津贴等待遇，大多也没有配套规定，导致实际中很多男性配偶顾虑重重，想休却不敢休，使得配偶陪产假基本上流于形式。

---

① 张佩佩. 完善我国生育保险制度的对策[J]. 环球市场导报，2016(21).

五、国外生育保险制度的学习和借鉴

由于我国现行生育保险制度存在的问题较多，有些问题还特别突出，因此必须改进完善。理论界和实务部门对于生育保险制度改革的呼声都很高，但是对于如何改革，改革的路径和方向在哪里，存在着较大的分歧。笔者认为，他山之石可以攻玉，西方国家如德国等的社会保险制度发展到今天，有100多年的历史，可以说已经非常成熟。所以，笔者认为，我们完全可以学习和借鉴国外的先进经验，从中找到一条适合我国国情的改革之路。

现代意义上的生育保险制度，始于工业革命之后，最早出现在德国。1883年德国出台《疾病保险法》，其中对生育保险做出了规定。但是生育保险并不是单独设置，而是作为疾病保险的一个组成部分。

第一届国际劳工大会在1919年通过了关于女职工的第一个《保护生育公约》（第3号公约），1952年产生了103号公约《保护生育公约（修订本）》，2000年又通过了《保护生育公约》（第183号）和《保护生育建议书》（第191号），进一步推动生育保险制度向前发展。[1]

2017年11月国际劳工组织发布的《2017—2019年世界社会保障报告：全民社保以实现可持续发展目标》显示，建立和实施生育保险制度的国家和地区已超过170多个，但被统计的170多个国家中建立独立的生育保险制度的为极少数，仅有30个国家，绝大多数生育保险待遇包含在医疗保险中。

总而言之，由于生育保险和医疗保险密不可分，两者在支付项目以及标准上有极大的相似性和重合性，为使生育保险基金更具实力，提高

---

[1]　李卢霞，戴维周，孙晓燕.国外生育保险制度概览及我国生育保险制度改革[J].卫生经济研究，2005(11).

抗风险的能力，两险合并实施是全球大多数国家和地区的普遍选择和做法。①

六、我国生育保险与医疗保险合并的合理性和可行性

（一）生育保险与医疗保险合并的合理性

鉴于我国生育保险制度改革的需要，以及国际上大多数国家的通行做法，将生育保险与医疗保险合并实施应该是生育保险改革的较好选择。

1. 两险合并实施后，可以实现生育女性全覆盖

因为生育保险是由用人单位缴费，个人没有资格缴纳，所以很大一部分没有参加全部社会保险或者在个人窗口自己为自己缴费的女性，例如个体工商户、灵活就业的非全日制工作人员、城市无业（失业）人员、农业劳动者等是被排除在生育保险的范畴之外的。

生育保险合并到医疗保险中后，城镇非职业妇女的生育医疗费由城镇居民基本医疗保险制度解决；农村妇女的生育医疗费由新农合及国家分娩补助等政策予以解决，这样基本就可以基本覆盖城乡所有生育女性。

2. 两险合并实施后，可以提高生育保险的参保率

2018 年，国家医疗保险局发布的《医疗保障事业发展统计快报》显示，2018 年，参加职工基本医疗保险人数为 31673 万人，参加生育保险人数为 20435 万人，两者之间参保人数相差巨大。如果两险合并，那

---

① 范世明. 两险合并实施是全球大多数国家和地区的普遍选择和做法 [J]. 湖南行政学院学报，2020(02).

么到 2019 年底，据推算将有 1.12 亿人未参加生育保险的医疗保险参保人加入到生育保险之中，从而极大地提高生育保险的参保率，让更多的人能够享受到生育保险待遇。

3. 两险合并实施后，保障水平更高

相比于生育保险基金，医疗保险基金规模较大，2016 年城镇基本医疗保险的累计结余约为生育保险的 22 倍左右，风险共济的支付能力更强。① 生育保险基金并入医疗保险基金之后，生育过程的产检、分娩及相关医疗费用都可以按照医疗保险标准进行报销，相比目前按生育保险报销的额度更高，可以进一步提高基金的保障能力，更好应对长期风险。

4. 两项保险合并实施后，可以提高生育医疗费用报销的效率

生育医疗费用的报销流程比较麻烦，而且滞后。一般都是产假期满之后，由生育女性把各种医疗单据交给用人单位，再由用人单位去生育保险经办机构进行报销，到账后发还本人。整个过程，快则十天半个月，慢则有可能两三个月报不下来。两险如果合并，产前检查费、接生费、住院费等都可以作为普通医疗费用，通过刷医保卡，由医疗生育保险基金实时结算，极大提高报销效率。

同时，将生育保险纳入医疗保险，还可以化解生育保险医疗项目与基本医疗保险项目交叉的情况，社保经办部门在进行结算的时候，就无需纠结属于哪一种保险的范畴，而只需要统一结算即可，报销过程更加便利。

5. 两险合并实施后，可以减轻用人单位的缴费负担

两险变为一险，在缴费上只需要缴纳一种保险费，从而在一定程度

---

① 罗丽媛，张帆. 生育保险与基本医疗保险合并实施研究 [J]. 广西质量监督导报，2015(09).

上减轻用人单位的负担。

6. 两险合并实施以后，可以提高生育愿望，刺激人口生育

在全面二孩政策开始推行时，原国家卫计委对 2018 年出生人口数的预测，最低值为 2082.4 万，最高则达到 2294.3 万。但实际上，2019 年 1 月 21 日，国家统计局公布 2018 年全国出生人口是 1523 万，这个数据要远远低于此前的预测。究其原因，其中之一，就是生育二胎的经济压力太大，导致很多家庭不敢生育。

如果两险合并，原来没有保障的人群有了生育方面医疗和经济的保障后，可以在一定程度上提高人们的生育意愿，从而刺激人口生育。所以说，这样的改革，是一项对改善我国未来人口结构有积极作用的举措。

(二) 生育保险与医疗保险合并实施的可行性

两项保险在运行、操作层面具有很多相同，甚至重合的地方，因此两险合并具备实施的条件，且时机已经成熟。

1. 生育保险与基本医疗保险在管理服务上基本一致[1]

生育保险和基本医疗保险，都是与相关的医疗部门签订协议，定点管理，执行统一的药品、诊疗项目和服务设施范围，使用同一信息系统平台。两者在医疗服务项目上也有共同之处，特别是在医疗待遇支付上有基本相同，因此两者合并实施，在操作上是可行的，而且不必进行大刀阔斧的变革，节约人力、物力成本和资源；

2. 从资金角度来说，大多数城市的生育保险基金入大于出

2015 年 11 月，财政部公布"关于 2014 年全国社会保险基金决算的

---

[1] 梁艳华，李菲菲，王传华. 将生育保险纳入医疗保险之中的可行性分析 [J]. 劳动保障世界，2012(09).

说明"，表明 2014 年生育保险基金收入 439 亿元，当年支出 363 亿元，结余 76 亿元，年末滚存结余 577 亿元。因此，如果将生育保险纳入基本医疗保险，是相当于利用生育保险基金的结余，为支出增长较快的医疗保险投入一笔资金，不仅没有增加医疗保险基金的负担，反而可以缓解医疗保险的支付压力，因此，是一个双赢的举措。

3. 地方的试点实践，证明两险合并是可行的，并且有效的

自从 2017 年生育保险与医疗保险合并试点以来，全国 12 个试点城市，按照生育保险与医疗保险协同推进的工作思路，实行两项险种统一参保登记，统一征缴费用的管理模式，取得了积极成效，为两险合并在全国实施，提供了宝贵的经验。

数据表明，试点全面启动一年后，12 个试点城市参保人数 1510 万人，比试点前增长 12.6%，明显高于同期全国 5.5% 的增长水平。①

七、生育保险与医疗保险合并改革的探讨和试点

2009 年，在《中华人民共和国社会保险法》制定的过程中，社会保险法草案第 54 条规定，省、自治区、直辖市人民政府根据实际情况，可以将生育保险与职工基本医疗保险合并实施。这是我国劳动与社会保障法学界第一次提出两险合并的观点，并且付诸立法实践。

但是，在社会保险法草案反复讨论、论证的过程中，对于应否合并的问题，专家学者们产生了分歧。其中，以中国人民大学法学院教授、劳动和社会保障法研究所所长黎建飞为代表的专家认为，我国劳动法已经明确规定，医疗保险与生育保险是两个不同的险种，两者虽然有共性的地方，但是保障的对象和目的不同，所以，应当单独设立。特别是当

①　国务院. 关于生育保险和职工基本医疗保险合并实施试点工作总结的报告 [EB/OL]. 中国人大网，2018-12-23.

前的情况下，我国社会保险制度刚刚起步，还非常不成熟，有许多地方还必须通过实践的检验，不断地进行改进和完善，因此不宜贸然合并。否则，可能会导致实践中将生育保险与职工基本医疗保险合二为一，生育保险被医疗保险所掩盖，空有其名而流于形式，无法为生育女性提供切实有效的保障。

最终，社会保险法草案专家组采纳了黎建飞教授等的合理化意见，删掉了"省、自治区、直辖市人民政府根据实际情况，可以将生育保险与职工基本医疗保险合并实施"的内容。

2010 年 10 月 28 日，第十三届全国人大常委会第十七次会议颁布《社会保险法》，2011 年 7 月 1 日开始实施。

经过几年的实践，生育保险和基本医疗保险都取得了较好的效果。截至 2015 年，基本医疗保险参保人数已经超过 10 亿，生育保险参保人数近 3 亿。但是各方面的问题也渐渐显现，特别是生育保险覆盖面窄，参保人数少，保障力弱的问题，尤为显著。

2015 年，全面两孩政策公布后，从 2016 年开始，中国出现了一轮"生育高峰"，导致生育保险基金支出大幅增加，连续两年出现当期收不抵支等情况。因此，进行生育保险改革，将生育保险与医疗保险合并，以医疗保险带动生育保险的呼声再次出现。

2015 年 11 月 3 日，中共中央《关于制定国民经济和社会发展第十三个五年规划的建议》（以下简称《建议》）提出"将生育保险和基本医疗保险合并实施"。《建议》提出，要实施全民参保计划，基本实现法定人员全覆盖。生育保障全民覆盖，由政府和企业共担责任，既是对女性在人口再生产中所作社会贡献的补偿、体现女性生育的社会价值，也可更好地保证和提高人口素质。

2015 年 12 月，中央经济工作会议提出要根据五种类型社会保险的不同特点，研究、精简、归并，尽可能最大限度地发挥作用。

2016 年 3 月，人力资源与社会保障部发布《人力资源和社会保障事业发展"十三五"规划纲要》，其中在第三章《建立更加公平更可持续的社会保障制度》中，明确提出将生育保险和基本医疗保险合并实施。

2016年4月，人力资源社会保障部与财政部发出《关于阶段性降低社会保险费率的通知》，《通知》称，生育保险和基本医疗保险合并实施工作，待国务院制定出台相关规定后统一组织实施。

2017年1月，人力资源与社会保障部经过认真研究，在广泛征求各方面意见的基础上，起草了《生育保险和职工基本医疗保险合并实施试点方案》，报国务院审议并经全国人大常委会授权后，由国务院办公厅正式发布。

按照该方案的部署，2017年6月底前启动生育保险和职工基本医疗保险合并实施试点，期限为一年左右。通过先行试点探索适应我国经济发展水平、优化保险管理资源、促进两项保险合并实施的制度体系和运行机制。①

试点城市包括河北省邯郸市、山西省晋中市、辽宁省沈阳市、江苏省泰州市、安徽省合肥市、山东省威海市、河南省郑州市、湖南省岳阳市、广东省珠海市、重庆市、四川省内江市、云南省昆明市等12个城市，未纳入试点地区不得自行开展试点工作。②

从2017年以来的试点情况来看，尽管不是一个制度性的变革，是管理层面的合并实施，但是成效还是非常显著的。

第一，统一基金征缴和管理，加强了基金共济能力。将生育保险基金并入职工基本医疗保险基金统一管理，对生育保险基金不再单独建账、核算，与职工基本医疗保险基金合并编制预算，按照两项保险缴费比例之和确定新的费率，提高了基金征缴效率，基金"打通"使用提高了共济能力。针对全面两孩政策实施后，生育保险基金支出大幅增加，连续两年出现当期收不抵支等情况，12个试点城市充分发挥两项保险

---

① 《生育保险和职工基本医疗保险合并实施试点方案》。
② 《生育保险和职工基本医疗保险合并实施试点方案》。

合并实施带来的共济效应，有效缓解了基金赤字问题。①

第二，统一参保登记，扩大了生育保险覆盖面。参加职工基本医疗保险的在职职工同步参加生育保险，覆盖面扩展到所有用人单位及其职工。试点全面启动1年后，12个试点城市参保人数1510万人，比试点前增长12.6%，明显高于同期全国5.5%的增长水平。此外，还促进了小微企业参保，如泰州市生育保险参保人数增加6.3%，参保单位数增加了35.7%，其中大多数为小微企业。②

第三，统一医疗服务管理，强化了生育医疗服务行为监管。试点城市通过两项保险统一协议管理、统一支付目录、统一直接结算，实现医疗服务一体化管理，不仅方便了参保职工就医结算，还提高了生育医疗服务监管水平。如晋中市通过统一直接结算生育医疗费用，报销周期最长缩短了8个月；沈阳市等地实现两项保险使用统一监控体系，实时审核结算数据。③

第四，统一经办和信息服务，优化了管理服务，方便了参保单位和职工。试点城市通过两项保险统一经办，整合信息系统，提高了参保、征缴等经办管理的效率，实现了参保人员生育、医疗结算同窗口受理、一站式办结，有利于深入推进生育医疗费用支付方式改革。通过"数据多跑路"，让"群众少跑腿"，既方便了参保单位和个人办理业务和享受服务，又节约了经办运行成本。如郑州市通过"互联网+"方式，企业通过手机APP客户端直接办理生育保险待遇申报等项目；内江市实现生育津贴申领"只跑一次"，极大地方便了参保人。④

---

① 国务院.关于生育保险和职工基本医疗保险合并实施试点工作总结的报告［EB/OL］.中国人大网，2018-12-23.

② 国务院.关于生育保险和职工基本医疗保险合并实施试点工作总结的报告［EB/OL］.中国人大网，2018-12-23.

③ 国务院.关于生育保险和职工基本医疗保险合并实施试点工作总结的报告［EB/OL］.中国人大网，2018-12-23.

④ 国务院.关于生育保险和职工基本医疗保险合并实施试点工作总结的报告［EB/OL］.中国人大网，2018-12-23.

2018 年 3 月，人力资源与社会保障部、财政部、原国家卫生计生委于联合印发《关于做好当前生育保险工作的意见》，指导地方通过费率动态调整、提高基金使用效率等，确保全面两孩政策实施后职工生育待遇保障和基金稳健运行。

2018 年 12 月 23 日，对于试点的结果，国务院《关于生育保险和职工基本医疗保险合并实施试点情况的总结报告》指出，试点达到了预期目的，符合社会保险制度建设完善方向，形成了一套成熟的制度政策和运行模式，可以用于全面推开。

2019 年 3 月 25 日，国务院办公厅公布《关于全面推进生育保险和职工基本医疗保险合并实施的意见》，推进两项保险合并实施，实现参保同步登记、基金合并运行、征缴管理一致、监督管理统一、经办服务一体化。明确要求各省在 2019 年底前实现两项保险合并实施。

2020 年 1 月开始，各个省、自治区、直辖市相继出台生育保险与基本医疗保险合并的实施方案，生育保险的合并改革全面进入实践阶段。

八、生育保险与医疗保险合并改革的思路与安排

(一) 两项保险合并实施的总体思路

生育保险与医疗保险合并实施，遵循"保留险种、保障待遇、统一管理、降低成本"的总体思路。

1. 保留险种、保障待遇

两项保险合并实施，并不是取消生育保险，生育保险作为一项社会保险险种仍然保留，生育保险待遇政策保持不变，仅仅在操作层面上对两者统一进行征管，以最大发挥两者的优势。两项保险合并实施不增加单位和个人缴费负担，职工生育期间的生育保险待遇不变。

2. 统一管理、降低成本①

通过实现两项保险参保同步登记、基金合并运行、征缴管理一致、监督管理统一、经办服务一体化，提高行政效率，降低管理运行成本。

(二) 两险合并实施的工作安排

概括起来就是"四个统一、一个不变"。

1. 关于统一参保登记

两项保险合并后，所有的国家机关、企事业单位、社会团体、个体经济组织、民办非企业单位等用人单位在参加职工基本医疗保险的同时，应为本单位在职职工同步参加生育保险，统一进行参保登记。领取失业保险金的人员参加职工基本医疗保险，按照原办法继续执行。②

统一参保登记，有利于进一步扩大生育保险覆盖的职业人群，有利于发挥社会保险的大数法则优势，有利于更好地保障生育职工的生育保险权益。

2. 关于统一基金征缴和管理

实现生育保险和职工基本医疗保险基金统一征缴和管理，是完善两项保险区级统筹的重点，具体涉及三个问题：

一是统一基金征缴。③ 由税务部门统一实施基金征缴，缴费费率按照两项保险合并后确定的生育保险和职工基本医疗保险缴费费率之和执

---

① 国务院. 关于全面推进生育保险和职工基本医疗保险合并实施的意见[EB/OL]. 中华人民共和国中央人民政府，2019-3-25.

② 宁夏回族自治区人民政府. 关于生育保险和职工基本医疗保险合并实施的意见[EB/OL]. 中华人民共和国中央人民政府，2019-11-07.

③ 宁夏回族自治区人民政府. 关于生育保险和职工基本医疗保险合并实施的意见[EB/OL]. 中华人民共和国中央人民政府，2019-11-07.

行。用人单位按本单位职工工资总额的7%按月缴纳，职工个人按本人工资收入的2%缴纳，由用人单位代扣代缴。无雇工的个体工商户、非全日制从业人员和灵活就业人员按本人申报工资收入的10%一次性缴纳。参保单位职工、灵活就业人员年平均工资，超过上年度城镇非私营单位就业人员平均工资和城镇私营单位就业人员平均工资加权计算的全口径城镇单位就业人员平均工资300%的，按300%核定缴费基数；低于本地区上年度全口径城镇单位就业人员平均工资60%的，按60%核定缴费基数，职工个人不缴纳生育保险费。

二是统一基金管理。① 将生育保险和职工基本医疗保险两个险种的收入账户合并为一个账户，不再单列生育保险基金收入户，并撤销生育保险基金财政专户、收入户、支出户。在职工基本医疗保险统筹基金待遇支出中设置生育待遇支出项目。生育保险待遇所需费用从职工基本医疗保险统筹基金中支付，支付费用计入生育待遇支出项目。

三是对合并前生育保险基金做出明确安排。② 通过政府购买服务，聘请第三方对合并前的生育保险基金进行审计和清算，并按照两项保险合并后基金共济原则，对各分统筹地区生育保险基金存在"收不抵支"且用历年结余的生育保险基金无法弥补的，由当地职工基本医疗保险基金补平；存在结余的，结转到职工基本医疗保险基金账户。

3. 关于统一医疗服务管理

两项保险合并实施后，实行统一定点医疗服务管理，强化对生育医疗服务的监控，执行职工基本医疗保险、工伤保险、生育保险药品目录以及基本医疗保险诊疗项目和医疗服务设施范围，生育医疗费用原则上实行医疗保险经办机构与定点医疗机构直接结算。

---

① 宁夏回族自治区人民政府.关于生育保险和职工基本医疗保险合并实施的意见[EB/OL].中华人民共和国中央人民政府，2019-11-07.

② 宁夏回族自治区人民政府.关于生育保险和职工基本医疗保险合并实施的意见[EB/OL].中华人民共和国中央人民政府，2019-11-07.

经过多年实践，社会保险经办机构对医疗服务管理的专业化、精细化、信息化程度都有较大提高。两项保险合并实施后统一医疗服务管理，有利于整合医疗服务管理资源，进一步规范对生育医疗服务的管理。

一是生育医疗费。[①] 职工生育医疗费用实行按人头定额包干结算管理，定额标准内的费用不设起付线、不受三项目录限制、不含特需服务费。

参保人员除特需服务费用外的住院分娩费用超出包干标准的，超出部分由医疗机构全额承担，参保人员仍按包干标准和规定的额度报销；住院分娩费用低于包干标准的，参保人员按实际住院分娩费用和规定的额度报销，医疗保险经办机构仍按包干标准与医疗机构结算。

二是特需服务费。[②] 特需服务费指经参保患者本人或其家属签字确认的必要的医疗费以外的费用，由协议医疗机构直接向其本人收取，包括出诊费、检查治疗加急费、就（转）诊交通费、急救车费、护工费、产后理疗康复费等费用。特需服务项目由各地级市医疗保障局按照上述大的范围确定本市相关医疗机构的特需服务目录，报上一级医疗保障局备案统一维护后，在辖区范围内执行。

三是就医地的管理。[③] 参保人员需在参保地以外的定点医疗机构分娩，应在分娩前半年内履行生育分娩签约手续。在规定时限内未签约的，因生育发生的医疗费用由医疗保险基金按定额包干结算标准减半支付，其余由参保人承担。参保人员备案在统筹地区外定点医疗机构依法生育，以及在辖内医疗机构住院分娩过程中有合并症或发生子宫破裂、

---

① 宁夏回族自治区人民政府.关于生育保险和职工基本医疗保险合并实施的意见[EB/OL].中华人民共和国中央人民政府，2019-11-07.

② 宁夏回族自治区人民政府.关于生育保险和职工基本医疗保险合并实施的意见[EB/OL].中华人民共和国中央人民政府，2019-11-07.

③ 宁夏回族自治区人民政府.关于生育保险和职工基本医疗保险合并实施的意见[EB/OL].中华人民共和国中央人民政府，2019-11-07.

产后出血、羊水栓塞、胎膜早破的严重并发症，住院费用按城镇职工基本医疗保险住院政策规定的比例支付。

4. 关于统一经办服务和信息管理

一是信息建设，① 两项保险实行信息系统一体化运行。通过不同的待遇类别区分两个险种基金的支出情况，生育医疗服务、基本医疗服务区内全部实现定点医院直接联网、即时结算。实行统一的职工医疗生育保险经办服务规程。

二是转移接续。② 参保人员在统筹区域内因工作变动需要转移职工基本医疗保险关系的，参照《人力资源社会保障部办公厅关于印发<流动就业人员基本医疗保险关系转移接续业务经办规程的通知>》，有关规定办理转移，在新参保地接续基本医疗关系并享受职工基本医疗保险待遇和生育保险待遇。

5. 关于现行生育保险待遇不变

一是生育津贴和产假。③ 职工生育期间的生育保险待遇包括《中华人民共和国社会保险法》规定的生育医疗费用和生育津贴，所需资金从职工基本医疗保险基金中支付，生育津贴支付期限按照《女职工劳动保护特别规定》等法律法规规定的产假期限执行。

二是关于欠费和滞纳金。④ 用人单位连续 3 个月不缴纳职工基本医疗保险费的，医疗保障经办机构应从欠费的第四个月起，停止支付其职

---

① 宁夏回族自治区人民政府. 关于生育保险和职工基本医疗保险合并实施的意见[EB/OL]. 中华人民共和国中央人民政府，2019-11-07.

② 宁夏回族自治区人民政府. 关于生育保险和职工基本医疗保险合并实施的意见[EB/OL]. 中华人民共和国中央人民政府，2019-11-07.

③ 宁夏回族自治区人民政府. 关于生育保险和职工基本医疗保险合并实施的意见[EB/OL]. 中华人民共和国中央人民政府，2019-11-07.

④ 宁夏回族自治区人民政府. 关于生育保险和职工基本医疗保险合并实施的意见[EB/OL]. 中华人民共和国中央人民政府，2019-11-07.

工基本医疗保险和生育保险待遇；用人单位补缴拖欠的费用后，恢复职工基本医疗保险和生育保险待遇，停止期间的相关待遇予以补支。补缴欠费应按有关规定缴纳滞纳金。

参保人员(不包括灵活就业人员)因工作单位变化引起的缴费中断，医疗保险经办机构应从欠费的第四个月起，停止支付其职工基本医疗保险和生育保险待遇，欠费六个月内补缴拖欠费用的，中断期间的个人账户资金补划，其他待遇补支，并恢复其待遇。欠费六个月以上的，从第七个月开始按照规定购买断缴年限，补缴期间所有待遇，不再补支补划，补缴欠费应按有关规定缴纳滞纳金。

三是关于补缴。用人单位及职工补缴合并实施前的基本医疗保险费、生育保险费的，仍按合并实施前的规定执行；合并实施后补缴的，按照生育保险和职工基本医疗保险缴费费率之和补缴。

6. 关于建立可持续的制度保障①

生育保险和职工基本医疗保险合并实施以后，基金整体上共济能力会得到进一步地增强。同时，根据两项保险基金运行情况和国家有关要求，将适时调整缴费费率，建立费率动态调整机制，确保制度可持续发展。

九、生育保险与医疗保险合并改革中存在的问题与完善建议

2018 年以来，关于生育保险并入职工医疗保险的改革，已经由理论层面落实到了实践层面，并且取得了较好的成效，两险合并的工作已经在全国范围内，逐步展开。笔者相信，生育保险制度会越来越好，对

---

① 宁夏回族自治区人民政府. 关于生育保险和职工基本医疗保险合并实施的意见[EB/OL]. 中华人民共和国中央人民政府，2019-11-07.

生育女性权益的保护会越来强，但是改革之路从来不会一帆风顺，随着改革的细化和深入，依然有很多问题需要解决。

(一) 立法问题

我国现行生育保险制度的主要法律依据，是 2010 年 10 月全国人大常委会颁布的《中华人民共和国社会保险法》。在这部立法中，严格规定了生育保险和基本医疗保险的缴费和支付问题，但是对生育保险与医疗保险合并实施的问题并无规定。

一直以来，我国生育保险与医疗保险合并改革的试点和推进工作，都是在国务院的领导下，通过发布方案、建议、意见等规范性文件，指导实施的。

这些规范性文件的性质是国家政策，是一种行政命令，虽然也有约束力，但并不是国家立法，不具有法律的普遍的约束力和强制力。因此，随着生育保险与医疗保险合并改革的实践，在全国范围内展开，通过全国人民代表大会修改《社会保险法》，明确将生育保险并入基本医疗保险，为两险合并改革提供法律依据和推动力，成为必须首先要解决的问题。

建议:

第一，修改《社会保险法》中关于生育保险和医疗保险的内容，明确将生育保险并入基本医疗保险，生育保险不再单章规定，而是作为基本医疗保险项下的一个部分，从而理顺两者之间的关系，使两险合并有法可依，有章可循；同时，要明确规定关于缴费标准、待遇支付、基金管理、经办服务等事项，为新的医疗生育保险的实施提供法律保障。

第二，制定《基本医疗保险条例》，进一步细化生育保险和基本医疗保险是过程中的相关法律问题，使生育保险与医疗保险合并改革的成果法制化、条文化。

第三，《社会保险法》第 51 条规定，"用人单位已经缴纳生育保险费的，其职工和未就业的配偶享受生育保险待遇。所需资金从生育保基金中支付。生育保险待遇包括生育医疗费用和生育津贴"。

该条款要求，用人单位只有缴纳了保险费，职工才能享受待遇。但是，按照法律规定，缴纳保险费用是用人单位的义务，而不是劳动者的义务。如果因为用人单位不履行缴费义务，去剥夺无辜劳动者的权利，似乎不合逻辑，而且从某种意义上说，这是主管部门在推卸责任。社保主管部门征收保险费用是其本职工作工作，督促缴费并处罚那些怠于履行义务的用人单位是其职责，因此不应该让劳动者为用人单位的违法行为买单。所以，笔者认为，这个条款应该做修改，可以细化为："用人单位已经缴纳生育保险费的，其职工和未就业的配偶享受生育保险待遇。用人单位未缴纳生育保险费的，其职工和未就业的配偶的生育保险待遇由用人单位按照法定的标准支付。用人单位补足缴纳生育保险费的，其已经支付的生育保险待遇可以从基本医疗保险生育保险项目中予以报销。"

(二)生育保险与医疗保险的衔接问题

由于生育保险与医疗保险在保障功能上，存在本质的不同，所以两险合并实施以后，生育保险仍然需要保留，不能废止。对于这个问题，国务院在《关于全面推进生育保险和职工基本医疗保险合并实施的意见》(以下简称意见)中，已经明确做出了肯定，不容置疑。但是，两险在合并实施过程中，仍然存在着如何衔接的问题。

一是缴费的问题。我国生育保险由用人单位缴费，劳动者个人不缴费；医疗保险则是用人单位和劳动者个人都要缴费。合并之后，如何缴费，劳动者个人还要不要缴费？

二是待遇重合的问题。生育保险待遇与基本医疗保险有重合的地方，如生育医疗费用，但是也有完全不同的地方，如生育津贴、产假待遇。所以，这些待遇之间如何安排？是完全将生育保险并入医疗保险中，作为医疗保险的一个分支，还是依旧分别设置，只是将生育保险医疗待遇合并到基本医疗保险中去？

建议：首先，社保缴费是社保基金的主要来源之一，也是用人单位和劳动者承担的法律义务。按照生育保险与医疗保险合并改革的试点安排，是将用人单位的缴费义务简单合并，即原来的基本医疗保险缴费的7%+原生育保险缴费的0.5%，然后合计7.5%，劳动者个人不需要缴费。

对此两项费率简单相加的做法，笔者认为有失公允。因为按照法律的公平公正正义的原则，改革的成果，不能只让劳动者一方当事人受益，而不考虑用人单位的利益，不能让用人单位的负担越来越重。笔者建议，可以在政府增加投入的基础上，适当降低用人单位的缴费标准，在7%~7.5%之间确定一个合适的费率，这样才能打消用人单位对于生育保险改革的抵消情绪，让两险合并实施更加顺畅。

其次，根据国务院的意见，要求不再单列生育保险基金收入，而是在职工基本医疗保险统筹基金待遇支出中设置生育待遇支出项目。因此，笔者认为，可以将生育保险作为基本医疗保险制度的一个组成部分，医疗保险成为主险，生育保险作为其中的一个强制性附加险，将"生育保险基金"改为"城镇生育保险待遇项目"。这样，各类人群只要参加了医疗保险，就可以自动地获得生育保险的待遇。这样操作起来，主次分明，逻辑关系更加清晰。

同时应当建立费率动态调整机制。根据基本医疗保险基金支出情况和生育待遇的需求，按照以支定收、收支平衡的原则，每年调整生育、医疗保险的缴费费率，上下浮动，以确保基金收支平衡。

(三)保险基金统筹问题

社保基金进行统筹管理，是抵抗风险最有效的方法。统筹层次越高，基金风险共济的能力越强。目前，生育保险是县级统筹，基本医疗保险是市级统筹，而根据《社会保险法》的规定，社会保险基金(包括生育保险基金)将逐步实行省级统筹。

建议：在生育保险和职工基本医疗保险合并实施以后，两者将统一统筹层次。那么，生育保险将会从县级统筹提升至市级统筹。这是一个极大的进步，但是离省级统筹的距离还很远。各地方应当加强两险合并实施的工作，落实中央精神，创造条件，尽快实现全国统筹的终极目标。

只有实现全国层次的统筹，才可能真正实现地区互济，将生育保险的覆盖面扩大到"全体公民"的范畴。

(四) 保险基金征管问题

社保基金是社会保险的物质基础，社保基金的资金越充足，社会保险的保障性越高。保险基金征缴难，一直是社会保险实践中的大问题，生育保险并入基本医疗保险以后，征缴问题如何处理，保险基金如何实现保值增值？

建议：

第一，根据国务院的意见，生育保险并入职工基本医疗保险，统一由税务部门进行费用征缴，这样以精简办事机构，节省单独征收生育基金的人员及管理成本。笔者认为，还可以进一步向上海市学习，采取"五险合一"征缴、分开管理的方法。① 生育保险待遇虽然从医疗保险基金中支付，但在缴费的过程中，五个险种按照一个比例统一征缴，然后再对各个基金账户进行划拨。在这个过程中，可以适当向医疗生育保险基金倾斜，提高划拨比例。同时，加大国家财政补贴的力度，尽可能多地充实医疗生育保险基金。

第二，在基金运行管理方面，可以借鉴发达国家的经验，将医疗生育保险基金交由专门性的基金公司托管，同时限制其投资方向，保证资金安全和有效流动。

(五) 保险基金支付问题

第一，实践中，由用人单位先行垫付，再由社保经办机构回拨给用

---

① 林蓉. 上海市"五险合一"社会保险管理模式研究 [D]. 上海：上海交通大学，2013.

人单位的支付方式，会导致用人单位可能因为资金周转困难等原因，不向生育女性及时足额支付生育保险待遇的情况出现。

第二，一次性"定额"支付和"实报实销"支付两种方式，各有各的弊端。

第三，将生育保险并入医疗保险以后，医疗保险基金的支付压力剧增，如何能够保证支付？

建议：对于第一个问题，为确保生育保险发挥其应有的作用，笔者认为，应当分别对待。生育津贴可以仍然采取老办法，先由用人单位按月垫付给生育女性，然后再由用人单位与社保经办机构进行结算；生育医疗费用则纳入医疗保险结算系统，采用统一刷卡支付方式，让医疗保险经办机构即时结算，从而减轻生育女性的经济负担，及时提供医疗服务。

对于第二个问题，可分别吸取两者的优点，采取"以定额支付"为主的方式，对于正常分娩的女性设置报销最高限额，避免资源浪费。同时设立"生育难产危产调剂金"，对于出现难产、危险而产生的额外费用，可以在调剂金中，实报实销。

最后，可以将"生育保险基金"更改为"生育保险待遇项目"，并实现支付归口管理，也就是说，按照生育女性的就业情况，就业女性的生育保险待遇从城镇职工基本医疗保险基金支付，失业女性的生育保险待遇由失业保险基金支付，其他生育女性的生育保险待遇从城镇居民基本医疗保险基金支付，包括个体工商户、灵活就业的非全日制劳动者以及从事农业生产的农村户籍劳动者，从而分散生育保险待遇的支付压力，确保生育保险待遇的支付。

(六)生育保险待遇问题

现有的生育保险待遇，主要是生育津贴、生育医疗费用和产假，形式单一，待遇水平也不高。无形之中，不但减弱了生育保险的作用，而且抑制了用人单位参保缴费的积极性。

特别是随着我国经济发展水平的提高，人们的生活水平相应提升，同时物价水平也不断上涨，导致生活开支越来越大，现有的保险待遇已经远远无法满足生育的需要。

建议：

第一，增加保险项目，提高待遇水平。

1. 我国目前的生育保险补偿项目相对偏少，国外的很多待遇项目，如"家庭津贴""儿童津贴"等都值得我们学习和借鉴。

2. 适当提高孕期的支出水平。优育首先必须优生。为让孩子能够健康出生，减少和降低出生死亡率、残障率，产前的定期与不定期检查是不可缺少的环节，因此产生的检查费用应当纳入生育保险的范畴，予以报销。

3. 将生育保险范围扩展至 1~3 岁婴幼期，即由"孕期、产期、哺乳期三期"扩展到"婴幼期"，让孩子能够得到更加充分的照顾和帮助。

2019 年 4 月国务院办公厅曾经下发《关于促进 3 岁以下婴幼儿照护服务发展的指导意见》，其中指出："3 岁以下婴幼儿(以下简称婴幼儿)照护服务是生命全周期服务管理的重要内容，事关婴幼儿健康成长，事关千家万户"，要"大力推动婴幼儿照护服务发展"，"逐步满足人民群众对婴幼儿照护服务的需求"。① 因此，可以把婴幼儿照护服务纳入到生育保险待遇范畴之中，设置封顶线和起付线，提高生育保险支付功能的效率。

4. 在生育津贴方面，为鼓励和刺激二胎生育，可以提高二胎生育的生育津贴标准，甚至直接给予一次性的现金或者物质奖励，如俄罗斯的"母亲基金"项目。

第二，延长生育假期并弹性适用。

弹性休假制度即允许产妇选择较长时间的假期但较少的收入，或较

---

① 范世. 两险合并实施后生育保险制度未来走向研究[J]. 湖南行政学院学报，2020(02).

短的假期但较多的生育津贴。例如邻国日本在 2013 年立法实施弹性休假制度，产后妈妈第一年可以领取产前六个月的平均工资的 50% 的生育津贴，一年后的则实行无薪休假。① 这样有利于不同的家庭可以根据自己的经济状况做出选择。

上海市妇联曾提出过一个建议，就是延长产假到 182 天，由夫妻双方共享产假。即在法定的 182 天的产假中，可以由夫妻双方协商确定各自休假天数，其中男性配偶休假不得少于 30 天。笔者认为，这个建议既有弹性的选择，又兼顾了男性配偶护理假的设计，非常人性化，值得肯定。

第三，统一配偶护理假的问题。

对于配偶护理假假期长短不一，难以落实的问题，笔者认为，可以在《劳动法》《社会保险法》中，做出统一的规定，明确配偶护理假的保险待遇，以及男性在育儿方面的家庭责任和生育权利；对于不执行的用人单位给与相应的法律制裁，以督促法律的实施和执行。

对于配偶护理假的时间问题，有专家提出将男性配偶陪产假延长至 38 天，用于陪伴、照顾产妇产前孕检建档(1 天)、围产期 7 次产检(7 天)和产后产褥期(30 天)。

上海市妇联建议，合并产假和配偶护理假为家庭育儿假，并将现有夫妻双方的 138 天假期延长至半年，即 182 天，夫妻双方协商确定各自休假天数，并强制父亲休假不少于 30 天。

为了能够将配偶护理假落到实处，让男性配偶可以真正享受到这个保险待遇，笔者认为，还应当做到以下几点：

1. 劳动监察部门应将配偶护理假权益保护纳入劳动保障监察内容；用人单位应采取劳动合同备案制度，明确规定配偶护理假期间不得解除劳动合同，并对执行配偶护理假的工资待遇等问题做出具体安排。

---

① 丁芳. 全球化背景下的生育保险法律问题研究[J]. 北华大学学报(社会科学版)，2014(12).

2. 鼓励党政机关、事业单位带头实施男性配偶陪产假制度；对百分之百落实完成年度内男性配偶陪产假的企业尤其是中小企业，在税费减免、融资贷款等方面给予一定政策奖励。

3. 相关高校、高中职业学校、社区要积极参与男性配偶母婴护理技术培训和能力提升工作，开发家庭教育课程体系，组织男性配偶开展产妇、新生儿照顾知识普及等学习活动。

(七) 协同管理的问题

因为医疗保险和生育保险的分别管理，资源浪费、信息系统不能对接和共享，浪费大量的行政资源，增加了行政成本。① 二者合并实施后，上述问题虽可以在一定程度上得到缓解，但由于涉及范围过大，在管理上的难度将增加，特别是生育津贴的发放问题。

建议：统一管理，分别建账。撤销生育保险从社会保险经办机构调整到基本医疗保险机构中进行管理，把统管模式改为分管模式；为防止缴费代付的情况，可以在社保卡中添加参保人的生育保险信息。

(八) 对"小微企业"的特殊对待问题

所谓小微企业，是指小型企业、微型企业、家庭作坊式企业的统称。根据《中华人民共和国中小企业促进法》和《国务院关于进一步促进中小企业发展的若干意见》的规定，中小企业划分为中型、小型、微型三种类型，具体标准根据企业从业人员、营业收入、资产总额等指标，结合行业特点制定。

以餐饮业为例，从业人员 100 人及以上，且营业收入 2000 万元及以上的为中型企业；从业人员 10 人及以上，且营业收入 100 万元及以上的为小型企业；从业人员 10 人以下或营业收入 100 万元以下的为微

---

① 罗丽媛，张帆. 生育保险与基本医疗保险合并实施研究[J]. 广西质量监督导报，2019(05).

型企业。①

在国家鼓励万众创业的大环境下，我国企业中的"小微企业"比例越来越大。"小微企业"的存在，不仅活跃了经济竞争，完善了经济结构，也极大地解决了社会就业问题，所以，对国家、社会、个人都有极大的意义和价值。但是微型企业人数少，经济体量和规模有限，资金的支付能力相对较弱，抗风险的能力差，所以对于他们的社会保险问题应当重视，并且区别对待。

建议：在立法中，专章对"小微企业"的社会保险问题做出规定，重点在缴费费率上给以一定的优惠或者减免，调动"小微企业"保缴费的积极性。

(九)探索建立健全基金风险预警机制②

对医疗生育保险基金的收支情况，定期向社会公开，并由专业机构进行监管。设立储备金，当基金存量降低到预警线以下时，及时上报给上级管理部门，采取紧急措施从储备金中予以补充。

加强对医疗生育保险基金监控指标和经办财务、业务风险环节的分析，对基金监督检查的整个过程，从立项到实施、运行、结果、评价、建议和落实实施全方位管理，逐步建立基金风险防范机制。

一是加强指标分析，明确基金收缴率、支付率、基金收支比等30个涉及基金安全的数值指标，利用计算机对基金收付等重点数值进行比对分析，发现疑点，及时处理；二是强化风险防范，将经办机构财务、业务日常处理的事项进行分解，确定风险等级，分析风险原因，明确监督重点、监督检查方法和检查标准，对重点业务资料明确存档要求，使基金监督工作能够做到有章可依，有据可查，重点突出。

---

① 来自百度百科。
② 卓晓君.关于建立生育保险风险预警机制的若干思考[J].中国医疗保险，2018(08).

主要参考文献

著作类

[1]项怀诚.养老储备基金管理[M].北京：中国财政经济出版社，2005.

[2]樊明等.退休行为与退休政策[M].北京：社会科学文献出版社，2008.

[3]赵曼.社会保障学[M].北京：高等教育出版社，2010.

[4]郑功成.社会保障学概论[M].北京：复旦大学出版社，2005.

[5]郑尚元.工伤保险法律制度研究[M].北京：北京大学出版社，2004.

[6]冯彦君.劳动法学[M].长春：吉林大学出版社，1999.

[7]董保华.社会法原论[M].北京：中国政法大学出版社，2001.

[8]崔健远.合同法[M].北京：法律出版社，2007.

[9]董保华.劳动合同研究[M].北京：中国劳动社会保障出版社，2005.

[10]台湾地区劳动法学会编."劳动基准法"释义——施行二十年之回顾与展望[M].台北：新学林出版股份有限公司，2005.

[11]姜颖.劳动合同法论[M].北京：法律出版社，2006.

[12]关怀.劳动法(第三版)[M].北京：中国人民大学出版社，2006.

[13]谢国伟，杨晓蓉.劳动争议案件审判要旨[M].北京：人民法院出版社，2006.

[14]石先广．劳动合同法——您逐鹿职场的利剑[M]．北京：法律出版
　　社，2007．

[15]陆敬波．劳动合同法应用指南[M]．北京：中国社会科学出版社，
　　2007．

[16]黄乐平等编．劳动合同法疑难案例解析[M]．北京：法律出版
　　社，2008．

[17]李国光．劳动合同法条文释义[M]．北京：人民法院出版社，2008．

[18]俞飞主编．劳动争议解决[M]．厦门：厦门大学出版社，2008．

[19]孙瑞玺．劳动合同法原理精要与实务指南[M]．北京：人民法院出
　　版社，2008．

[20]林嘉．劳动合同法热点问题讲座[M]．北京：中国法制出版
　　社，2007．

[21]李援．《中华人民共和国劳动合同法》解读与适用[M]．北京：人民
　　出版社，2007．

[22]李英，王棣，瞿彬彬．中外工会法比较研究[M]．北京：知识产权
　　出版社，2011．

[23]刘元文．工会工作理论与实践[M]．北京：中国劳动社会保障出版
　　社，2008．

[24]冯同庆．工会学——当代中国[M]．北京：中国劳动社会保障出版
　　社，2010．

[25]张芬霞，李炎主编．人力资源管理[M]．上海：上海财经大学出版
　　社，2008．

[26]喻术红．劳动合同法专论[M]．武汉：武汉大学出版社，2009．

[27]毛清芳．劳动法与社会保障法[M]．北京：经济科学出版社，2009．

[28]后东升主编．企业劳动用工管理法律实务[M]．北京：人民法院出
　　版社，2009．

[29]北京市劳动和社会保障法学会编．用人单位劳动争议前沿问题与
　　实践[M]．北京：法律出版社，2010．

[30]蒋月.劳动法与社会保障法[M].杭州：浙江大学出版社，2010.

[31]北京市劳动和社会保障法学会编.新型疑难劳动争议处理实务与诉讼指引[M].北京：法律出版社，2010.

[32]王伟杰，刘海燕.劳动合同法案例精解与评析[M].北京：经济管理出版社，2010.

[33]樊成玮.角力：《劳动合同法》与劳资关系评析[M].北京：中国法制出版社，2010.

[34]史尚宽.劳动法原论[M].台北：正大印书馆，1978.

[35][日]下井隆史.雇佣关系法[M].东京：有斐阁，1991.

[36]台湾地区劳动法学会编.劳动法裁判选辑（一）[M].台北：元照出版公司，1999.

[37]台湾地区劳动法学会编.劳动法裁判选辑（二）[M].台北：元照出版公司，1999.

[38]梁慧星.中国民法经济法诸问题[M].北京：中国法制出版社，1999.

[39]刘志鹏.劳动法理论与判决研究[M].台北：元照出版公司，2000.

[40]梁慧星.民法总论(第三版)[M].北京：法律出版社，2001.

[41]黄程贯.劳动法[M].新北：国立空中大学出版社，2001.

[42]黄越钦.劳动法新论[M].北京：中国政法大学出版社，2003.

[43][美]Ian R. 麦克尼尔.新社会契约论[M].雷喜宁，潘勤译.北京：中国政法大学出版社，2004.

[44]韩世远.合同法总论[M].北京：法律出版社，2004.

[45]常凯.劳权论——当代中国劳动关系的法律调整研究[M].北京：中国劳动社会保障出版社，2004.

[46]董保华，刘海燕.解雇保护制度研究[M].北京：中国劳动社会保障出版社，2005.

[47]李国光.劳动合同法理解与适用[M].北京：人民法院出版社，2007.

[48] 罗结珍译. 法国劳动法典[M]. 香港：国际文化出版社，1999.

[49] [日] 荒木尚志. 日本劳动法[M]. 李昆刚，牛志奎译，北京：北京大学出版社，2009.

[50] 凯瑟琳·巴纳德. 欧盟劳动法[M]. 付欣译，北京：中国法制出版社，2005.

[51] 金福海. 惩罚性赔偿制度研究[M]. 北京：法律出版社，2008.

[52] 关淑芳. 惩罚性赔偿制度研究[M]. 北京：中国人民公安大学出版社，2008.

[53] 王全兴. 劳动法[M]. 北京：法律出版社，2008.

[54] 郑尚元. 劳动合同法的制度与理念[M]. 北京：中国政法大学出版社，2008.

[55] 熊必俊. 老龄经济学[M]. 北京：中国社会出版社，2009.

[56] 郑功成. 中国社会保障改革与发展战略——理念、目标与行动方案[M]. 北京：人民出版社，2008.

论文类

[1] 宋晓梧. 逐步推行基本医疗保险均等化——医疗保险法制化建设的重大课题[J]. 中国医疗保险，2011(7).

[2] 陈健生，陈家泽，余梦秋：城乡基本医疗保障一体化. 目标模式、发展路径与政策选择——以成都市城乡基本医疗保障统筹试点为例[J]. 理论与改革，2009(6).

[3] 于涛. 城乡居民基本医疗保险开新篇——写在城乡居民基本医疗保险整合之际[J]. 山东人力资源和社会保障，2014(7).

[4] 任茜. 城乡经济社会发展一体化与城乡医疗保险一体化内涵解析[J]. 中国卫生经济，2011(11).

[5] 蔡凤梅. 欧亚国家生育保险制度安排及比较分析[D]. 北京：中国人民大学，2005.

[6] 万晓霞，王洪艳，刘小青，王超群. 生育保险与职工医保合并实施

的基金支出风险研究——以南昌市为例[J]. 中国医疗保险，2019
（1）.

[7]柳丽. 生育保险与职工医疗保险合并实施的难点和对策[J]. 福建冶
金，2018（47）.

[8]张毓芯，田先玉. 生育保险与职工医保合并后的对策建议[J]. 人力
资源管理，2017（12）.

[9]曾飘. 生育保险与职工医疗保险合并实施的难点和对策[J]. 改革与
开放，2017（16）.

[10]李线玲. 新形势下生育保险待遇落实探讨[J]. 妇女研究论丛，
2016（2）.

[11]殷俊，田勇，薛惠元. 全面二孩、延迟退休对职工医保统筹基金
收支平衡的影响——以生育保险和职工医保合并实施为背景[J].
统计与信息论坛，2019（5）.

[12]张心洁，周绿林，曾益. 生育政策调整对城乡居民医疗保险财政
负担的影响研究[J]. 湖北社会科学，2017（9）.

[13]罗丽媛，张帆. 生育保险与基本医疗保险合并实施研究[J]. 广西
质量监督导报，2019（5）.

[14]海韵. 探索两项保险合并实施的制度体系和运行机制——"生育保
险与基本医疗保险合并实施研讨会"观点综述[J]. 中国医疗保险，
2018（5）.

[15]范世明. 两险合并实施后生育保险制度未来走向研究[J]. 湖南行
政学院学报，2020（2）.

[16]鞠维学. 关于生育与医疗保险制度整合的思考[J]. 健康之友，
2019（22）.

[17]黄显官，王敏，彭博文. 完善我国生育保险制度的研究[J]. 卫生
经济研究，2015（7）.

[18]李卢霞，戴维周，孙晓燕. 新形势下进一步改革完善生育保险制
度探讨国外生育保险制度概览及我国生育保险制度改革[J]. 卫生

经济研究，2005(11).

[19]梁土坤．流动人口生育保险参与及其性别差异研究[J]．西北人口，
2016(4).

[20]连专．生育保险立法问题研究[J]．人口学刊，2010(5).

[21]赵伟．生育政策调整对安徽省养老保险基金财务可持续性的影响
研究[J]．现代经济信息，2019(33).

[22]孙启泮．生育保险法制建设初探[J]．南京人口管理干部学院学报，
2007(2).

[23]蒋永萍．社会性别视角下的生育保险制度改革与完善——从《生育
保险办法征求意见稿》谈起[J]．妇女研究论丛，2013(1).

[24]刘惠娟，劳幼华，洪志成．生育保险定额结付与自费结付对比分
析[J]．卫生经济研究，2013(10).

[25]伍伟伟，李燕凌．新政策对生育保险基金运行的影响分析[J]．产
业与科技论坛，2019(18).

[26]王建中．深圳市生育保险制度分析[J]．南方人口，2004(2).

[27]白宗艺．生育保险和基本医疗保险合并优势及问题研究[J]．劳动
保障世界，2019(20).

[28]景鹏，胡秋明．生育政策调整、退休年龄延迟与城镇职工基本养
老保险最优缴费率[J]．财经研究，2016(4).

[29]王小玲．生育保险与职工基本医疗保险合并实施的影响研究——
基于男性职工的视角[J]．现代经济信息，2019(17).

[30]庄渝霞．透析实施生育保险制度的局势[J]．人口学刊，2009(4).

[31]宋娟，史健勇．论我国生育保险制度的完善[J]．科学决策，2009
(7).

[32]邹萃．生育保险：从"企业自保"到社会统筹[J]．中国社会保障，
2019(10).

[33]李鑫．我国生育保险制度与妇女就业问题的思辨[J]．改革与战略，
2011(3).

[34]贾玉娇.生育率提高难在何处?——育龄女性生育保障体系的缺失与完善之思[J].内蒙古社会科学,2019(3).

[35]郝君富,郭锐欣.生育保障制度的国际改革趋势与启示[J].兰州学刊,2019(6).

[36]李小静,刘俊,褚学震.城乡统筹生育保险制度的构建——以天津市为例[J].理论与现代化,2012(6).

[37]邵芬,谢晓如.关于完善我国生育保险立法的思考[J].学术探索,2004(1).

[38]潘锦棠.中国生育保险制度的历史与现状[J].人口研究,2003(2).

[39]黄润光.我国"生育保险"的现状及前瞻[J].人口与经济,2002(5).

[40]张翠娥,杨政怡.我国生育保险制度的发展历程与改革路径——基于增权视角[J].卫生经济研究,2013(1).

[41]庄渝霞.生育医疗待遇:政策演变、人群差异及优化策略[J].社会科学,2017(12).

[42]谭湘渝.我国生育社会保险制度实施现状分析与关键理论问题探讨[J].甘肃社会科学,2004(6).

[43]李雨石.生育保险报销[J].光彩,2018(8).

[44]王艳艳.生育保险改革走向[J].中国社会保障,2018(7).

[45]杜夏.企业职工生育保险问题和解决措施[J].企业文化中旬刊,2019(6).

[46]王亚娟.新时代下生育保险进一步完善的对策研究[J].商情,2019(17).

[47]彭振涛.晋中市生育保险基金运行分析及改进[J].中国市场,2019(11).

[48]王贤诗.我国职工生育保险休假制度研究[J].中外女性健康研究,2018(18).

[49]张臻.生育保险与医疗保险合并实施的可行性研究[J].青春岁月,2018(13).

[50]李彪.生育保险拟并入医疗保险生育待遇保留[J].新农村(黑龙江),2017(1).

[51]李思静.全面二孩背景下西安市城镇生育保险问题研究[J].神州,2019(11).

[52]刘畅.我国生育保险法律制度研究[D].重庆:西南政法大学,2013.

[53]李卢霞,戴维周,孙晓燕.国外生育保险制度概览及我国生育保险制度改革[J].卫生经济研究,2005(11).

[54]丁芳.全球化背景下的生育保险法律问题研究[J].北华大学学报(社会科学版),2014(6).

[55]邹艳晖.国外生育保险制度对我国的启示[J].济南大学学报(社会科学版),2012(6).

[56]孙启洋.我国生育保险法制建设探析——一种国际法的视角[D].青岛:中国海洋大学,2006.

[57]陈秀红.影响城市女性二孩生育意愿的社会福利因素之考察[J].妇女研究论丛,2017(1).

[58]康春华.从人口素质层面完善生育保险政策[J].中国医疗保险,2010(7).

[59]《关于在生育保险和基本医疗保险合并实施中进一步落实生育保险待遇的建议[J].中国妇运,2016(3).

[60]李珍.关于中国退休年龄的实证分析[J].中国社会保险,1998(4).

[61]李红岚,武玉宁.提前退休问题研究[J].经济理论与经济管理,2000(2).

[62]金刚.中国退休年龄的现状、问题及实施延迟退休的必要性分析[J].社会保障研究,2010(2).

[63]徐瑞仙.延迟退休需要优先关注社会公平[J].中国劳动,2015(7).

[64]景天魁,杨建海.底线公平和非缴费性养老金多层次养老保障体系的思考[J].学习与探索,2016(3).

[65]华颖.从医保个人账户兴衰看中国社会保障改革理性回归[J].学术研究,2020(4).

[66]窦莉,董夏.建立有中国特色的职工医疗保险制度[J].财会研究,2003(1).

[67]郑功成.中国社会保障70年发展(1949—2019):回顾与展望[J].中国人民大学学报,2019(5).

[68]周寿祺,顾杏元,朱敖荣.中国农村健康保障制度的研究进展[J].中国农村卫生事业管理,1994(9).

[69]郑丽琼,陈思明.我国现行医疗保险个人账户的必要性及其完善[J].经济论坛,2007(1).

[70]《国务院关于建立城镇职工基本医疗保险制度的决定》国发1998第44号.

[71]沃尔夫冈施罗德,塞缪尔格里夫.德国经济发展与社会保障体系建设:历史经验与未来方案[J].社会保障评论,2019(1).

[72]王超群.城镇职工医疗保险个人账户制度起源的反思[J].社会保障研究,2012(1).

[73]《基本医保制度建设步入法制化轨道,http://news me live cn/cancer/info-news/show-22906_97 html 2011-07-01、2019-01-13.

[74]贺红强.瑞典医疗保障制度如何吸引世界目光[J].天津社会保险,2016(3).

[75]冯鹏程.新加坡:储蓄医疗保险模式下的税收政策[J].中国保险报,2014.

[76]申曙光,侯小娟.医疗保险个人账户的公平与效率研究——基于广东省数据的分析[J].中国人口科学,2011(5).

[77]孔祥金,李贞玉,李枞,邹明明,杨阳.中国与新加坡医疗保险个人账户制度比较及启示[J].医学与哲学,2012(4).

[78]陈启鸿.门诊医疗服务与基本医疗保险基金的个人账户[J].卫生软科学,2000(14).

[79]陈琳.工伤保险总体费率降低全国1年可减轻企业负担150亿元[N].北京晨报,2015-7-30.

[80]向春华,同丹妮.工伤劳动能力鉴定制度探讨[J].现代职业安全,2014(6).

[81]王新刚.高风险企业农民工工伤保险制度完善[J].企业家信息,2013(2).

[82]施嫣然."过劳死"认定工伤的困境[J].职业法律天地,2017(3).

[83]何红卫.工伤保险赔偿与交通事故赔偿的相关问题分析[J].办公室业务,2012(15).

[84]陈国林.关于劳务派遣工伤保险有关问题的思考[J].人力资源开发,2018(9).

[85]王霞.试论私了的工伤协议是否具有法律效力[J].劳动保障世界理论版,2010(5).

[86]雷苗苗.工伤保险与侵权损害体系研究[EB/OL].公务员期刊网,https://www 21ks net/lunwen/gsbxylw/128831 html.

[87]曹险峰.工伤保险与侵权损害赔偿责任适用关系问题研究[J].望江法学,2008(7).

[88]张军.对完善我国工伤保险制度的一些思考[J].中国医疗保险,2018(2).

[89]韩文甫,刘芬菲.社会质量视角下城镇职工医保个人账户改革探讨[J].现代医院管理,2020(18).

[90]张小娟.职工医保个人账户问题与走向探讨[J].兰州学刊,2020(6).

[91]高军英.现行医疗保险制度下医保个人账户管理探究[J].中国市场,2020(14).

[92]康春华.医保基金运行风险及对策分析——以焦作市本级职工医

保为例[J].人才资源开发,2020(9).

[93]胡善联.价格、用量和结构要三管齐下[J].中国卫生,2020(5).

[94]彭宅文,丁怡.风险扩张、财政压力与医疗保障筹资改革:政策变迁及影响因素[J].学术研究,2020(4).

[95]杨燕绥.未来医保用药将有哪些变化[J].健康报,2020(7).

[96]杨燕绥,杨峰.医保社会互济与个人账户权益置换的理论与实践[J].中国人力资源社会保障,2020(4).

[97]高军英.医保个人账户资金流失的原因及对策分析[J].中国市场,2020(12).

[98]龚鹏,朱抗美,许丹萍,王丽苗,余小萍.上海市养老产业与中医药结合发展的情况调查与政策建议[J].中医药管理杂志,2020(28).

[99]郭晋晖.职工医保改革方向确定——个人账户向门诊统筹过渡[N].第一财经日报,2020(A02).

[100]杨晓涛.回应民生关切 打造"医保之变"[J].中国社会保障,2020(3).

[101]寇丹彤.医保个人账户与商业保险有机融合的模式探讨[J].保险理论与实践,2020(2).

[102]史莉莉."互联网+医保"的挑战与对策研究[J].信息技术与信息化,2020(2).

[103]彭宅文.如何应对新发传染病挑战?[J].社会科学报,2020(2).

[104]王震,朱凤梅.医疗卫生体制改革需要再出发[J].社会科学报,2020(2).

[105]孙鹃娟,高秀文.人口老龄化背景下中国长护险试点的主要实践模式比较和思考[J].中国医疗保险,2020(2).

[106]党思琪,施文凯.职工基本医疗保险家庭联保模式的国际经验与启示[J].中国卫生政策研究,2020(1).

[107]宋占军,齐晶,李海燕.职工医保个人账户改进方向探析:基于

参保人意愿的角度[J]. 中国卫生经济, 2020(39).

[108]赵丹, 宋盼盼. 加强基本医保对中医"治未病"报销的立法建议 [J]. 法制博览, 2019(36).

[109]《国家医疗保障局关于政协十三届全国委员会第二次会议第4094 号(社会管理类314号)提案答复的函(医保函2019、168号)[J]. 中国医疗保险, 2019(12).

[110]李珍. 从个人账户到职工家庭联保[J]. 中国社会保障, 2019 (12).

[111]贺菊颖, 刘若飞. 支出路径多元 药店享个账改进红利[J]. 医药 经济报, 2019(6).

[112]郑先平, 朱铭来. 职工医保个人账户对医疗服务消费影响研 究——基于2009~2017年省级面板数据的实证分析[J]. 保险研 究, 2019(11).

[113]李珍. 回看统账结合医保制度的来路[J]. 中国社会保障, 2019 (11).

[114]高奇隆, 孙雪姗, 魏景明, 张永余, 黄敏卓, 董恒进. 义乌市完 善职工医保个人账户政策效果的评价研究——基于"投射—实施 后"对比分析法[J]. 中国卫生政策研究, 2019(12).

[115]梁慧轩. 上海市新增两款职工医保个账专属产品[J]. 上海保险, 2019(10).

[116]周玉涛. 四大关键词解读2019"政策市"[J]. 中国药店, 2019 (9).

[117]张西流. 账户余额可买商业险体现医保利益最大化[J]. 中国商 报, 2019(2).

[118]李娜, 胡敏, 陈文, 徐望红. 城镇职工基本医疗保险个人账户改 革现状及机制分析[J]. 中国卫生经济, 2019(38).

[119]张苗. 44号文: 职工医保制度的"顶层设计"[J]. 中国社会保障, 2019(1).

[120]肖雪颖.浅谈宏观经济波动对城镇职工医保基金运行的影响[J].知识经济,2019(28).

[121]赵朔杰.A市城镇职工医保个人账户运行问题与对策研究[D].济南:山东师范大学,2019.

[122]杨展.工伤保险赔偿与侵权损害赔偿的关系研究[J].法治与社会,2018(6).

[123]吕琳.工伤保险与民事赔偿适用关系研究[J].法商研究,2003(3).

[124]李新临.借鉴国际经验构建中国特色社会保障体系[J].中国劳动保障,2008(11).

[125]尹蔚民.统筹城乡 完善制度 努力实现中国社会保障的科学发展[J].中国人才,2008(23).

[126]周静方.完善我国社会保险制度的法律思考[J].法学,1996(4).

[127]周弘.世纪末社会保障制度面临的挑战——从欧美养老制度的异同看政府的作用[J].国际经济评论,1999(Z6).

[128]郑秉文.围绕美国社会保障"私有化"的争论[J].国际经济评论,2003(1).

[129]郑秉文.中国产生社保案的制度原因及解决办法[J].国际经济评论,2007(3).

[130]朱向东,贝清华.当前我国社会保障迫切需要解决的重大问题[J].甘肃社会科学,2008(6).

[131]任巍,高伶,杨贵芳.我国社会保障改革及"多元化模式"的确立[J].石家庄经济学院学报,2007(3).

[132]张金峰,杨健.削减还是调整:经济全球化下欧美社会保障改革的启示[J].石家庄经济学院学报,2008(5).

[133]陈俊.布什国情咨文中社会保障制度改革之分析[J].黑龙江教育学院学报,2006(1).

[134]林志宗.养老保险基金收益保障机制及其运营模式创新研究[D].

上海：复旦大学，2005.

[135]秦莉.论里根时代的福利改革[D].上海：复旦大学，2006.

[136]韩俊江.中国社会保障制度完善研究[D].长春：东北师范大学，2007.

[137]张素凤.我国社会保障法若干问题研究[D].长沙：湖南师范大学，2001.

[138]马煜.社会保障法的比较借鉴和立法建构[D].大连：辽宁师范大学，2004.

[139]张翀.批判与重塑——论我国社会法部门的转型[J].安徽大学法律评论，2007(2).

[140]刘诚.各国社会保障法律制度面临的共同问题及趋势[J].安徽大学学报，2004(1).

[141]赵庆寺，王启华.基辛格外交思想的历史、哲学基础[J].安徽史学，2001(1).

[142]韩光杰.论社保基金的安全与制度建设[J].安徽电子信息职业技术学院学报，2008(1).

[143]梁玉成.市场转型过程中的国家与市场——一项基于劳动力退休年龄的考察[J].中国社会科学，2007(5).

[144]范围.退休年龄比较研究[J].人口与经济，2011(5).

[145]丁文杰，傅兴宇."提前退休风"冲击养老保险制度[N].经济参考报，2006-8-31.

[146]汪泽英，曾湘泉.中国社会养老保险收益激励与企业职工退休年龄分析[J].中国人民大学学报，2004(6).

[147]李建民.我国退休制度改革的几点思考[J].人口与发展，2011(4).

[148]陈静.基本养老保险对家庭消费的影响——基于CHFS数据的实证分析[J].消费经济，2015(1).

[149]陈佳瑛.中国改革三十年人口年龄结构变化与总消费关系研究

[J].人口与发展,2009(2).

[150]丁浩.就业稳定性、住房可及性与农民工家庭消费[J].消费经济,2018(1).

[151]甘犁,刘国恩,马双.基本医疗保险对促进家庭消费的影响[J].经济研究,2010(S1).

[152]郝云飞.人口年龄结构变动与中国居民消费[D].济南:山东大学,2017.

[153]黄燕芬,张超,田盛丹.人口年龄结构和住房价格对城镇居民家庭消费的影响机理[J].人口研究,2019(4).

[154]康书隆,余海跃,王志强.基本养老保险与城镇家庭消费:基于借贷约束视角的分析[J].世界经济,2017(12).

[155]李文星,徐长生,艾春荣.中国人口年龄结构和居民消费:1989—2004[J].经济研究,2008(7).

[156]刘璐,凌晨,邹红.延长退休年龄政策宣告与城镇家庭储蓄率变动[J].财贸经济,2019(4).

[157]刘艺,高传胜.基本养老保险对流动人口家庭消费的影响——基于2016年全国流动人口动态监测数据的分析[J].福建农林大学学报(哲学社会科学版),2019(5).

[158]刘鑫春.社会网络对家庭平均消费倾向的影响研究[J].商业经济研究,2019(16).

[159]李雅娴,张川川.认知能力与消费:理解老年人口高储蓄率的一个新视角[J].经济学动态,2018(2).

[160]李江一,李涵.消费信贷如何影响家庭消费?[J].经济评论,2017(2).

[161]刘雯,杭斌.微观视角下的养老金替代率与居民消费行为[J].经济理论与经济管理,2016(11).

[162]雷晓燕,谭力,赵耀辉.退休会影响健康吗?[J].经济学(季刊),2010(4).

[163]任慧玲.生育政策影响城镇居民消费研究[D].上海:上海社会科学院,2019.

[164]石明明,江舟,邱旭容.老龄化如何影响我国家庭消费支出——来自中国综合社会调查的证据[J].经济理论与经济管理,2019(4).

[165]宋保庆,林筱文.人口年龄结构变动对城镇居民消费行为的影响[J].人口与经济,2010(4).

[166]王少芬.我国家庭消费支出的影响因素分析[J].闽南师范大学学报(哲学社会科学版),2019(3).

[167]王天宇,周钦.非缴费型养老金对消费的影响——来自断点回归的证据[J].保险研究,2017(56).

[168]王淑瑶.人口年龄结构变动对经济增长影响的实证分析[J].现代交际,2019(13).

[169]吴石英.人口年龄结构演变对居民消费的影响:理论机理与实证检验[J].青岛科技大学学报(社会科学版),2019(2).

[170]王天宇,邱牧远,杨澄宇.延长退休、就业与福利[J].世界经济,2016(8).

[171]王庶,岳希明.退耕还林、非农就业与农民增收——基于21省面板数据的双重差分分析[J].经济研究,2017(4).

[172]杨碧云,屈原.房价变动对我国城镇居民消费影响的异质性研究[J].消费经济,2017(6).

[173]杨成钢,石贝贝.中国老年人口消费的影响因素分析[J].西南民族大学学报(人文社科版),2017(7).

[174]于学军.人口变动、扩大内需与经济增长[J].人口研究,2009(5).

[175]郑秉文.社会保障的发展历程与前沿探索[J].工会博览,2017(1).

[176]张枫逸.社保缴费基数上浮不能单兵突进[J].金融经济:上半月,2015(2).

[177]陈鼎立.论就业维权与就业法律保障[J].资治文摘(管理版),

2010(5).

[178]乐章.我国失业保险制度的现状、问题及对策思考[J].社会保障问题研究,2003(2).

[179]李湘杉.中国特色社会保障制度研究[D].北京:中共中央党校,2019.

[180]失业保险政策知识问答[J].就业与保障,2012(8).

[181]赵海峰.医疗保险利国利民[J].商业文化(下半月),2012(9).

[182]景龙,立晨,孙艳.法律对特殊劳动人群的保护[J].劳动保障世界,2011(8).

[183]失业保险条例[J].山西政报,1999(2).

[184]姜辉.完善农村居民养老保险制度的对策研究——以平度农村居民养老保险为例[D].青岛:青岛大学,2019.

[185]何彪.南充市城乡居民基本养老保险实施现状及对策研究[D].南充:西华师范大学,2019.

[186]刘宇,王淑娟.新生代农民工参加养老保险的现状分析及对策[J].智库时代,2020(9).

[187]王景龙.缴了保险费,老板就不用再管工伤这个事了吗?[J].就业与保障,2012(Z1).

[188]金百彦.浅议《社会保险法》中的工伤保险[J].法制与社会,2012(31).

[189]广西壮族自治区人力资源和社会保障厅课题组.广西国家机关和事业单位工(公)伤保障现状和对策[J].人事天地,2012(9).

[190]孙凤英.社会保险在企业人力资源管理中的重要作用分析[J].财经界(学术版),2020(2).

[191]谭兆何.互联网背景下消费信贷的现状及影响因素研究[D].昆明:云南师范大学,2019.

[192]于巍.习近平关于民生建设的论述研究[D].哈尔滨:东北林业大学,2019.

[193]杨永琦.企业是否应当为试用)的员工缴纳社会保险？[J].人事天地,2013(3).

[194]吴辉.工伤保险怎么用？[J].理财,2020(3).

[195]盛喜真,张伟.小险种 大作为 新篇章——郑州市失业保险援企惠民探析[J].中国社会保障,2020(3).

[196]温琳琳.论商业医疗保险与社会医疗保险的有机结合[J].中国乡镇企业会计,2012(7).

[197]《与就业制度并行的保险、福利、最低生活保障等项制度[J].中国经济信息,2004(11).

[198]成军.简述医药卫生体制的相关概念及主要内容[J].经济研究参考,2013(52).

[199]邓莉.全面推行"先治后付"的拦路虎——异地医保[J].科技与企业,2013(15).

[200]许达,杜秉玺,杜君楠.失业保险制度方案探究——以杨凌示范区失地农民为例[J].山西师大学报(社会科学版),2012(2).

[201]翁玉虎.德国医疗保险制度对我国的启示[J].财政监督,2012(9).

[202]姜振,苏华伟.我国运动员保险的现状与对策研究[J].时代金融,2011(8).

[203]王金增,田甜,孙玉娟.医疗保险的国际经验对我国的启示[J].唐山师范学院学报,2011(3).

[204]赵凤崑.失业保险在国有煤炭企业中存在问题及对策建议[J].人才资源开发,2020(1).

[205]张元.特殊情形下的失业保险待遇条件初探[J].劳动保障世界,2020(5).

[206]许泽宇.社会保险费征缴模式、企业绩效与最适缴费率区间[D].济南:山东大学,2019.

[207]班娟娟.聚焦2019年社保改革[J].小康,2019(5).

[208]陈冰媚.《泉州市城镇职工基本养老保险费征缴模式研究[D]. 厦门：华侨大学，2018.

[209]李菲，翟雪峰. 关于提高我国社保费征收效能的国际借鉴研究[J]. 国际税收，2018(2).

[210]王红茹. 社保费"双重征缴"历史或终结[J]. 中国经济周刊，2016(50).

[211]臧忠生. 聚焦英国社会保障制度（下）[N]. 中国劳动保障报，2002-2-21.

[212]张楠. 美国社会保障制度对中国的启示[J]. 理论观察，2009(1).

[213]日本的社会保障制度（二）[N]. 中俄经贸时报，2008-4-10.

[214]日本的社会保障制度（一）[N]. 中俄经贸时报，2008-4-9.

[215]陈晓律. 法治化、民主化、社会保障制度化——英国发展经验漫谈[J]. 新远见，2009(12).

[216]马艳莉. 中国农民工社会保障问题研究[D]. 长春：东北师范大学，2010.

[217]冯云超. 国外的社会保障制度[J]. 人才资源开发，2011(6).

[218]陈昕. 美国社会保障制度对我国的启示[J]. 现代商贸工业，2011(16).

[219]霍玉婷. 美国社会保障制度发展沿革及对中国的启示[D]. 保定：河北大学，2009.

[220]唐文靓. 基本养老保险基金会计研究[D]. 厦门：厦门大学，2007.

[221]吴中宇. 美国社会保障制度的发展及启示[J]. 中国社会导刊，2006(20).

[222]王海燕. 中美社会保障制度比较研究[D]. 北京：中共中央党校，2010.

[223]张鑫，李胜. 美国社会保障制度研究综述[J]. 唯实，2008(2).

[224]吴育频. 西方社会保障五种模式[J]. 外国经济与管理，1996(5).

[225]刘洋，杜军. 社会保障制度国际比较及启示[J]. 企业导报，2012

（16）.

[226]方淑芬，李太杰．国外社会保障制度研究与借鉴[J]．学术交流，1997(6).

[227]赵军林．农村社会保障制度建设问题研究[D]．长沙：湖南农业大学，2006.

[228]马丽超．我国商业保险与社会保险立法衔接问题研究[D]．青岛：中国海洋大学，2006.

[229]李玉莎．国外社会保障制度的特点与启示[J]．西部财会，2008(4).

[230]刘明远，乔骊竹．马克思经济学"六册结构"计划与现代生产方式研究[J]．政治经济学评论，2014(1).

[231]诸仕优．美国社会保障制度的发展与完善[J]．现代乡镇，2009(7).

[232]高析．美国社会保障制度的发展与完善[N]．中国信息报，2009-4-22.

[233]刘芳华．超越"福利国家"[D]．厦门：厦门大学，2001.

[234]陈涛．蒲江社保大数据平台系统设计与实现[D]．成都：西南石油大学，2018.

[235]李杰．代表性福利国家社会保障制度改革对中国的启示[J]．中共南昌市委党校学报，2015(5).